LES ÉDITIONS CARDINAL

PRÉSENTENT

TROIS FOIS PAR JOUR

PREMIER TOME

PAR

MARILOU & ALEXANDRE
CHAMPAGNE

3 fois par jour

PREMIER TOME

cardinal

TROIS FOIS PAR JOUR : PREMIER TOME
MARILOU & ALEXANDRE CHAMPAGNE

————

Textes, recettes et stylisme culinaire : Marilou
Photographies : Alexandre Champagne
Assistant-photographe et photographie de la page couverture : Yanick Lespérance
Direction artistique : Marilou et Alexandre Champagne
Design graphique : Maude Paquette-Boulva
Assistante culinaire : Véronique Paradis
Révision et correction d'épreuves : Mélanie Dubé et Flavie Léger-Roy
Coordination : Noémie Graugnard et Sofia Oukass

Un ouvrage sous la direction éditoriale d'Antoine Ross Trempe

————

Publié par :
LES ÉDITIONS CARDINAL INC.
5333, avenue Casgrain, bureau 1206
Montréal, QC H2T 1X3
www.editions-cardinal.ca

Dépôt légal : 2014
Bibliothèque et Archives nationales du Québec
Bibliothèque et Archives Canada
ISBN : 978-2-924155-74-5

Nous reconnaissons avoir reçu l'aide financière du gouvernement du Canada
par l'entremise du Fonds du livre du Canada (FLC) pour nos activités d'édition
ainsi que l'aide du gouvernement du Québec – Crédit d'impôt remboursable
pour l'édition de livres et programme d'Aide à l'édition et à la promotion – SODEC.

ISBN : 978-2-924155-74-5
IMPRIMÉ AU CANADA

INTRODUCTION

Après plus de 13 ans à travailler dans le monde de la musique, j'ai commencé à accepter que le sentiment d'épanouissement que j'attendais de ce domaine n'allait jamais venir, mais je continuais parce que je n'étais pas prête à renoncer à ma carrière de chanteuse. Inconsciemment, je m'étais mise à croire que j'étais faite pour vivre uniquement de ma musique, en me fermant les yeux sur tout le reste parce que c'est ce que les gens attendaient de moi et que je leur accordais énormément d'importance.

Ce fut ainsi jusqu'à un certain soir de printemps 2013 où j'ai complètement lâché prise et décidé de créer le métier de mes rêves.

C'est à la cuisine que j'ai eu envie d'offrir toute la place qu'elle méritait dans ma vie, sans trop savoir comment j'allais y parvenir puisque je n'avais aucune formation professionnelle dans le domaine. Tout ce que je possédais, c'est une passion astronomique pour l'art de la table, la cuisine et la santé ainsi qu'une facilité certaine pour la création de recettes. Depuis plusieurs années, je passais des soirées entières dans ma chambre à feuilleter des livres de recettes et des magazines culinaires de partout dans le monde, que je commandais sur Internet afin de m'inspirer et me faire rêver.

Atteinte d'un trouble du comportement alimentaire (anorexie), ma relation avec la nourriture a été malsaine pendant de nombreuses années. J'aimais la cuisine comme jamais, mais j'en avais peur et craignais que ça dure toujours. À force de travail personnel et d'humilité, j'ai fini par me guérir et ce fut la plus belle victoire de ma vie. Une victoire qui ne nécessite aucune reconnaissance extérieure pour en savourer toute la fierté, une victoire qui parle plus fort que n'importe quelle foule. →

J'aime bien dire que les pires moments de ma vie, aussi pénibles puissent-ils avoir été, étaient des grâces déguisées et nécessaires pour me rendre ici aujourd'hui. J'ai nommé *Trois fois par jour* ainsi en l'honneur de ma guérison complète, pour souligner les trois repas par jour que j'arrivais enfin à prendre pour mon plus grand bonheur et celui de mon corps.

Alexandre est arrivé au bon moment, puis il m'a accompagnée à sa manière, dès le départ, en photographiant mes plats le mieux du monde, sans se douter qu'il allait développer une passion aussi forte que la mienne pour la photographie de bouffe.

Notre but premier, en créant *Trois fois par jour*, était tout simplement d'essayer, le plus humblement du monde, de transformer pour le mieux la relation que les gens ont avec la nourriture.

On tient pour acquis que de se réunir autour d'une table est simple et agréable, alors que beaucoup de gens manquent de temps, d'argent ou d'inspiration. Pire encore, plusieurs souffrent d'un trouble du comportement alimentaire, sont continuellement obsédés par leur poids ou ont une intolérance ou une allergie qui complique considérablement les choses.

Je voulais apporter des solutions concrètes et mettre ma créativité, et celle d'Alex, au service de tous ceux qui en ont besoin.

En espérant que ce livre nourrira plusieurs bouches et plaira à plusieurs âmes.

MARILOU

TABLE DES MATIÈRES

« Il ne faut pas attendre d'avoir beaucoup
pour donner un peu. »

BÉATRICE

Mes trucs
& astuces

Mes outils préférés

LA CUILLÈRE

Elle me permet de goûter et c'est primordial. N'ayez pas peur de plonger une cuillère dans ce que vous cuisinez afin d'y goûter, et ce, tout au long de la préparation. De cette façon, vous serez toujours pleinement satisfait du résultat, car vous pourrez ajuster l'assaisonnement si nécessaire, et vous pourrez en plus vous approprier mes recettes en y ajoutant votre touche personnelle.

LA CUILLÈRE À CRÈME GLACÉE

La cuillère à crème glacée est l'un des outils que j'utilise le plus en cuisine. Celle que je possède peut contenir ¼ de tasse et elle me sert à façonner des biscuits, des muffins, des galettes, des beignets (accras), des pancakes, et plus encore, d'une grosseur égale. En plus d'être bien plus joli, ça me permet d'obtenir une cuisson uniforme.

LA RÂPE / LE ZESTEUR MICROPLANE

Pour râper l'ail, le chocolat, le gingembre, la noix de muscade et le fromage, ou encore pour zester les agrumes, je ne jure que par cet outil qui se lave facilement, ne prend pas de place et ne coûte vraiment pas cher.

Les herbes fraîches

Voici 3 trucs que j'utilise pour prolonger
la vie de mes herbes fraîches.

1 — Pour une conservation maximale au
réfrigérateur, je vous recommande de les
envelopper dans un papier absorbant humide
que vous pourrez ensuite mettre à l'intérieur
d'un grand sac hermétique.

2 — Vous pouvez aussi les congeler. Pour ce
faire, vous n'aurez qu'à les hacher finement,
les déposer au fond d'un moule à glaçons, les
recouvrir d'huile d'olive et congeler le tout.
Plutôt que de cuisiner avec de l'huile, vous
pourrez déposer un glaçon aromatisé au fond
de votre poêle avant de passer à la cuisson
de vos légumes, poissons, viandes, etc.

3 — Une autre idée géniale est de faire un
beurre aux herbes. Il suffit de laisser tempérer
du beurre et de l'écraser à la fourchette en y
incorporant les herbes hachées de votre choix.
Ensuite, vous n'aurez qu'à rouler le tout dans
une pellicule plastique de manière à former
un boudin et le réfrigérer. C'est succulent sur
un poisson, une viande et des légumes rôtis
ou en purée.

Soupes & potages

Pour être certaine d'avoir des soupes
et des potages bien assaisonnés, j'ajoute
un peu de sel et de poivre entre chaque
étape de la confection. Le résultat est
toujours parfait à la fin.

Les avocats

Lorsque mes avocats sont mûrs,
ce qui ne dure pas très longtemps,
je les réduis en purée avec un peu de
jus de citron, puis je les congèle dans
un moule à glaçons. Une fois gelés, je
les transfère dans un sac hermétique
et je les remets au congélateur. J'adore
ajouter quelques cubes d'avocat à
mes smoothies (voir page 36, recette
de smoothie crémeux).

MES TRUCS & ASTUCES

L'organisation

Comme dans tout, une bonne organisation (sans pour autant se casser la tête) est nécessaire afin d'avoir du plaisir en cuisine.

1 — Lorsque je m'apprête à cuisiner une recette déjà existante (ce qui se fait de plus en plus rare), je m'assure de lire la liste des ingrédients attentivement, de préparer ceux qui sont suivis d'une spécification (par exemple : haché finement, râpé, coupé en cubes, etc.) selon celle-ci, puis de les réserver. Ainsi, il ne me reste qu'à assembler les choses au moment de cuisiner.

2 — Garder mon plan de travail propre et laver ma vaisselle au fur et à mesure fait carrément toute la différence. Cela me donne ironiquement l'impression de ne pas avoir de vaisselle ni de ménage à faire. À coups de petites minutes entre les étapes, cette corvée passe inaperçue.

Mes trucs de grand-mère

1 — Avant d'entamer la coupe d'un fruit ou d'un légume, je le stabilise en le tranchant d'un côté, de manière à créer une surface plane qui pourra être placée contre le comptoir.

2 — Frotter la surface des tasses et des cuillères avec un peu d'huile végétale avant de mesurer le miel, le sirop d'érable, les beurres de noix ou toute autre matière grasse permet d'éviter que ces ingrédients restent collés au fond de celles-ci.

3 — Lorsqu'on se réunit en famille ou entre amis pour une soirée barbecue (hot-dogs et hamburgers), je sers les condiments dans un joli moule à muffins. Ça salit moins de vaisselle et ça se transporte super bien.

4 — Pour la cuisson des pâtes, j'utilise la règle « un, dix, cent » qui veut dire : 1 litre d'eau, 10 g de sel, 100 g de pâtes. J'ajuste la formule selon la quantité de pâtes. La cuisson est toujours parfaite.

5 — Je fais cuire mes pâtes quelques secondes de moins que le temps indiqué sur l'emballage. Ensuite, je les égoutte et je les fais revenir dans une poêle avec la sauce afin de bien les enrober. Avez-vous remarqué que les Québécois ont l'habitude de servir la sauce sur les pâtes ? Pas moi !

CATÉGORIES

À OFFRIR

Les recettes marquées du sceau «à offrir» ont toutes été conçues dans l'optique de dire merci à ceux qu'on aime. Que ce soit à l'occasion d'un anniversaire, en guise de cadeau d'hôte ou pour souligner un départ à la retraite, toutes les raisons sont valables pour gâter les gens qui nous entourent. Certaines recettes ne demandent pas de cuisson, mais plutôt de l'assemblage, alors que d'autres, comme la lasagne à la bolognaise & aubergines, sont idéales pour donner à fiston qui vit en appartement loin de la maison pour ses études.

ÉCONOMIQUE

Les recettes marquées du sceau «économique» sont des recettes qui n'exigent que très peu d'ingrédients ou dont la plupart sont des aliments de base qui se trouvent déjà dans votre garde-manger ou votre réfrigérateur.

GOURMAND

Les recettes marquées du sceau «gourmand» sont des recettes qu'affectionneront tous les gastronomes amateurs! Elles sont plus riches en gras et en sucre, elles sont parfois panées et elles sont toutes délicieuses. Dans certains cas, ces recettes nécessitent l'utilisation d'ingrédients un peu plus dispendieux, mais il est toujours possible de les adapter.

POUR RECEVOIR

Les recettes marquées du sceau «pour recevoir» sont des recettes idéales lorsque la visite débarque. Elles permettent de résoudre le casse-tête des réceptions en proposant d'alléchantes recettes qui satisferont les palais les plus difficiles. De la soupe au dessert, vous pourrez planifier de A à Z le menu parfait en optant pour des recettes issues de cette catégorie.

RAPIDE

Les recettes marquées du sceau « rapide »
sont des recettes qui se cuisinent en moins de
30 minutes incluant la préparation et le temps
de cuisson. En seulement 30 minutes, les
assiettes seront servies et la famille sera prête
à manger. Ces recettes sont donc idéales les
soirs de semaine.

REPAS CRU

Les recettes marquées du sceau « repas cru » sont des recettes qui n'exigent aucune cuisson
et pour lesquelles aucun des aliments qui entrent dans leur composition n'a été préalablement
cuit. Il existe certaines variantes où la viande et le poisson crus font partie intégrante du prin-
cipe de l'alimentation vivante. Mon céviche de flétan en est l'exemple parfait. L'utilisation du
sirop d'érable est permise, bien qu'il soit chauffé à plus de 40 °C (104 °F) lors du processus de
production, mais si vous désirez sucrer votre recette différemment, d'autres options s'offrent
à vous, dont le nectar d'agave, le miel brut liquide, la purée de dattes, etc.

SANS GLUTEN

Les recettes marquées du sceau « sans gluten » ne contiennent
aucun produit qui renferme du blé. Une attention particulière
a également été portée aux autres aliments reliés de près ou de
loin à l'intolérance au gluten qui peuvent être reconnus grâce
à l'acronyme SABOT (seigle – avoine – blé – orge – triticale).
Comme les recettes présentées dans ce livre sont presque
exclusivement cuisinées avec des aliments simples, il est peu
probable qu'on retrouve du gluten dans les ingrédients de cette
catégorie. Toutefois, comme on trouve du gluten dans certains
mélanges d'épices, des extraits, des arômes et des colorants artifi-
ciels, il est nécessaire de vérifier auprès de chaque compagnie
la provenance de leurs ingrédients.

SANS LACTOSE

Les recettes marquées du sceau « sans lactose » ne contiennent aucun produit
laitier à l'exception du fromage parmesan. Les fromages à pâte dure ou extra-
dure ne posent généralement aucun problème aux gens qui sont intolérants
au lactose. Certaines recettes qui contiennent du yogourt grec n'ont pas été
classées dans cette catégorie, mais on trouve désormais du yogourt grec sans
lactose dans les supermarchés, ce qui représente une option intéressante pour
les gens concernés.

VÉGÉTARIENNE

Les recettes marquées du sceau «végé» sont des recettes qui excluent toute chair animale. La définition de l'ovo-lacto-végétarisme a alors servi de référence pour la classification des recettes. De ce fait, une recette végétarienne pourrait contenir des œufs, du miel et du lait ainsi que tous leurs produits dérivés. Si vous adoptez une version plus stricte du végétarisme que celle qui a servi de référence, il n'y a pas de problème! Il s'agit alors de substituer des aliments. Par exemple, vous pourriez remplacer la mayonnaise par de la végénaise ou le yogourt par un yogourt de soya ou un yogourt de noix. Pour remplacer un œuf, il suffit de combiner 5 grammes de graines de lin moulues à 15 millilitres d'eau, ce qui donne un mélange à l'aspect gélatineux qui ressemble à un blanc d'œuf. Pour les soupes, j'adore utiliser du bouillon de poulet, mais pour une version végétarienne, il est possible d'utiliser du bouillon de légumes.

RECETTE MÂLE

Les recettes marquées du sceau «mâle» font partie de la sélection d'Alex. Il s'agit donc de ses recettes préférées. Vous avez une faveur à lui demander? Cuisinez-lui l'une de ces recettes et il ne saura vous dire non!

Chaque recette est accompagnée de deux pictogrammes qui indiquent:

LE TEMPS
DE PRÉPARATION

🕐

LE TEMPS DE CUISSON
OU DE REPOS

CHAPITRE

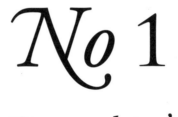

Brunchs &
petits-déjeuners

JUS VERTS
À PERSONNALISER

RECETTE À LA PAGE 32

QUANTITÉ *1 grande portion* ✎ *5 min*
CATÉGORIES *varient selon les combinaisons d'ingrédients*

32

JUS VERTS À PERSONNALISER

Depuis quelques années déjà, je bois mon déjeuner tous les matins
(ou presque!) et je m'amuse à créer différentes recettes. J'ai conçu ce tableau
afin de vous guider et vous inspirer à élaborer vos propres créations. Pour
avoir un smoothie parfait, il suffit de choisir parmi les ingrédients proposés
dans chaque catégorie. Les chiffres entre parenthèses servent d'indication
quant au nombre de portions à inclure au smoothie.

Si vous manquez de temps le matin, je vous suggère d'en préparer une grande
quantité, puis de congeler le tout dans des moules à glaçons. Vous n'aurez qu'à
remplir un grand verre de cubes de smoothie et à le mettre au réfrigérateur
la veille, avant d'aller au lit. Il sera dégelé et prêt à déguster dès le réveil.

ÉTAPES

1 Dans un mélangeur, combiner les ingrédients choisis et mélanger
jusqu'à l'obtention d'une texture crémeuse et onctueuse.

TRUCS & ASTUCES

Les fruits peuvent être frais ou congelés.

01 BASE LIQUIDE (×1)

2 tasses de lait d'amande à la vanille

2 tasses de lait de soya à la vanille

2 tasses d'eau filtrée

2 tasses d'eau de coco

2 tasses d'eau d'érable

2 tasses de jus de fruits, au choix

02 VERDURE (×1)

1 tasse d'épinards

1 tasse de kale

½ tasse de persil frais

03 TOUCHE FRUITÉE (×1 à 2)

1 pomme

1 orange

1 tasse d'ananas

1 tasse de bleuets

1 tasse de fraises

1 banane

1 poire

1 tasse de mangues

1 pêche

04 ONCTUOSITÉ (×1)

½ tasse de tofu soyeux

½ tasse de yogourt

1 avocat

2 c. à soupe de beurre de soya

2 c. à soupe de beurre d'arachide

2 c. à soupe de beurre d'amande

2 c. à soupe de poudre de cacao

05 DOUCEUR (×1)

2 c. à soupe de sirop d'érable

2 c. à soupe de miel

2 c. à soupe de sirop d'agave

¼ de tasse de dattes Medjool, dénoyautées

06 GARNITURE (OPTIONNEL)

1 c. à soupe de mûres blanches

1 c. à soupe de baies de goji

1 c. à soupe de graines de chia

1 c. à soupe de pépites de chocolat noir

SMOOTHIE AUX CLÉMENTINES, NOIX DE COCO & MANGUE

INGRÉDIENTS

2 tasses de yogourt à la noix de coco

4 clémentines, pelées et coupées en dés

1 tasse de mangue congelée

ÉTAPES

1 Dans un mélangeur, réduire tous les ingrédients
en une purée lisse et homogène. Déguster.

SMOOTHIE CRÉMEUX
À LA FRAISE CHOCOLATÉE

QUANTITÉ *1 grande portion* *5 min*
CATÉGORIES *rapide · repas cru · sans gluten · sans lactose · végé*

Voici l'une de mes combinaisons de saveurs gagnantes,
qui constitue aussi une façon originale de profiter des bienfaits
de l'avocat et de sa texture crémeuse, sans pour autant
compromettre le goût du smoothie.

INGRÉDIENTS

1 avocat, pelé et dénoyauté

1 tasse de fraises congelées

2 tasses de lait d'amande à la vanille

2 c. à soupe de poudre de cacao

2 c. à soupe de miel

1 c. à soupe de graines de chia, pour garnir (optionnel)

1 c. à soupe de baies de goji, pour garnir (optionnel)

ÉTAPES

1   Au mélangeur, réduire tous les ingrédients
en une purée lisse et crémeuse.

Ce gruau sans cuisson se cuisine le soir pour le lendemain
et se transporte vraiment bien à l'école ou au travail.

GRUAU D'AVOINE, CHIA,
FRUITS DES CHAMPS & GRENADE

QUANTITÉ *1 portion*   *5 min*   *1 h ou +*

CATÉGORIES *économique · végé*

INGRÉDIENTS

½ tasse de flocons d'avoine
  à cuisson rapide

1 c. à soupe de graines de chia
  (je les choisis blanches)

½ tasse de yogourt à la vanille

¼ de tasse de lait d'amande

½ c. à thé de zeste de citron

2 c. à soupe de miel

¼ de tasse de bleuets frais

¼ de tasse de mûres fraîches

Quelques graines de grenade,
  pour décorer

ÉTAPES

1   Dans un petit pot Mason,
    combiner tous les ingrédients,
    en prenant soin d'écraser
    grossièrement les fruits dans
    le mélange.

2   Laisser reposer au réfrigérateur
    pendant une heure ou durant
    toute la nuit.

3   Au moment de déguster
    (directement dans le petit pot),
    décorer avec quelques fruits
    additionnels et les graines
    de grenade.

TRUCS & ASTUCES

Pour égrener la grenade sans me salir, je la coupe en quatre et dispose un quartier à la fois au fond
d'un grand bol rempli d'eau. Avec mes doigts, je peux alors prélever les graines très facilement.

À ce jour, cette recette reste ma préférée de toutes. Je ne sais pas pourquoi, mais j'y trouve un réconfort dans chaque bouchée, qui me rappelle le début de cette belle aventure qu'est *Trois fois par jour*, puisque c'est la première recette que j'ai publiée sur le blogue.

J'adore manger mon granola avec du lait d'amande à la vanille, ou bien sur du yogourt grec avec un peu de miel et des fruits frais.

QUANTITÉ *environ 7 tasses*   *5 min*   *40–45 min*
CATÉGORIES *à offrir · économique · sans lactose · végé*

INGRÉDIENTS

POUR LES NOIX

*4 tasses de flocons d'avoine
    à cuisson rapide*

½ tasse de noix de coco râpée

½ tasse d'amandes, grossièrement hachées

½ tasse de pacanes, grossièrement hachées

½ tasse de graines de tournesol

½ tasse de graines de citrouille

¼ de tasse de cassonade

½ c. à thé de cannelle moulue

Une pincée de sel

POUR L'ÉRABLE

½ tasse de sirop d'érable

½ tasse d'huile de canola

1 c. à thé d'extrait de vanille

POUR LES FRUITS

½ tasse de canneberges séchées

½ tasse d'abricots séchés, coupés en dés

*8 à 10 dattes Medjool, dénoyautées
    et coupées en dés*

GRANOLA MAISON AUX FRUITS, NOIX & ÉRABLE

ÉTAPES

1   Préchauffer le four à 300 °F. Tapisser une grande plaque à pâtisserie de papier parchemin.

2   Dans un grand bol, mélanger tous les ingrédients « pour les noix ». Réserver.

3   Dans un autre bol, bien mélanger tous les ingrédients « pour l'érable », puis verser sur le mélange de noix. Bien remuer.

4   Étaler uniformément sur la plaque, puis enfourner pendant 40 à 45 minutes en prenant bien soin de remuer toutes les 15 minutes afin que le tout cuise uniformément.

5   Une fois bien doré, retirer du four et laisser refroidir.

6   Ajouter les ingrédients « pour les fruits », bien mélanger, puis servir.

TRUCS & ASTUCES
Se conserve jusqu'à un mois dans des contenants hermétiques.

LAIT DE NOIX

QUANTITÉ *1 litre*   ✎ *5 min*   ⏱ *8 h*
CATÉGORIES *repas cru · sans gluten · sans lactose · végé*

Vous remarquerez que je ne suis pas une grande consommatrice de lait de vache. J'ai presque toujours uniquement du lait d'amande à la maison. Heureusement, il est maintenant très facile de s'en procurer dans toutes les épiceries, mais rien n'est comparable au goût d'un bon lait de noix fait maison. Pour en faire, vous aurez besoin d'un bon mélangeur et d'un filtre à peinture (oui, oui, en vente dans les quincailleries) pour filtrer le lait et obtenir la texture idéale. J'aime bien conserver la pulpe des amandes afin de l'intégrer à ma recette de crème Budwig (voir page 57).

LAIT DE NOIX DE CAJOU AU CHOCOLAT

INGRÉDIENTS

1 ½ tasse de noix de cajou non salées

4 tasses d'eau froide

½ tasse de poudre de cacao cru

¼ de tasse de sirop d'érable, de miel ou de sirop d'agave

Une petite pincée de sel

LAIT D'AMANDE À LA VANILLE

INGRÉDIENTS

1 tasse d'amandes entières

4 tasses d'eau froide

2 c. à soupe de sirop d'érable, de miel ou de sirop d'agave

1 c. à thé d'extrait de vanille

Une pincée de sel

ÉTAPES

1   Faire tremper les noix pendant une nuit (8 heures) dans un bol d'eau froide.

2   Rincer, puis égoutter les noix pour ensuite verser tous les ingrédients dans le mélangeur. Broyer jusqu'à l'obtention d'une texture homogène.

3   Filtrer le lait, puis le conserver au réfrigérateur jusqu'à 4–5 jours.

TRUCS & ASTUCES

Pour obtenir un lait de noix plus riche et crémeux, vous pouvez réduire la quantité d'eau à 3 tasses.

PANCAKES AUX BANANES
& BEURRE D'ARACHIDE

RECETTE
MÂLE

L'adepte de beurre d'arachide en moi vous dit que si l'extase avait un goût, ce serait celui-là.

Le secret pour obtenir une texture de pancakes très moelleuse et aérée est de ne pas trop remuer le mélange après avoir ajouté les ingrédients secs. La farine devient vite dense et élastique lorsqu'on la manipule trop, alors moins on la brassera, mieux elle se portera.

Quand je reçois, je prépare tout avant l'arrivée des convives. Quelques minutes avant de servir mes invités, je réchauffe ma sauce dans une poêle et dispose mes pancakes sur une plaque à pâtisserie que je place au four.

INGRÉDIENTS

POUR LA SAUCE

2 c. à soupe de beurre
(+ pour la cuisson des crêpes)

2 c. à soupe de cassonade

¼ de tasse de beurre d'arachide

¼ de tasse de lait d'amande
à la vanille (ou nature)

¼ de tasse de sirop d'érable

2 bananes mûres,
coupées en rondelles

POUR LES PANCAKES

2 bananes mûres, écrasées

2 œufs, légèrement battus

½ tasse de beurre d'arachide

¼ de tasse de sucre glace

1 tasse de lait d'amande
à la vanille (ou nature)

1 c. à thé de poudre à pâte

1 ½ tasse de farine tout usage

Une pincée de sel

ÉTAPES

1 Dans une poêle, faire fondre le beurre avec la cassonade, le beurre d'arachide, le lait et le sirop d'érable. Laisser mijoter pendant 3 à 4 minutes afin d'obtenir une texture un peu plus épaisse.

2 Ajouter les rondelles de bananes et poursuivre la cuisson pendant environ 2 minutes. Baisser le feu au minimum et réserver jusqu'au moment de servir.

3 Dans un bol, combiner les bananes écrasées, les œufs, le beurre d'arachide, le sucre glace et le lait d'amande. Bien mélanger, puis réserver.

4 Dans un autre bol, mélanger la poudre à pâte, la farine et le sel. Verser sur les ingrédients humides, puis mélanger de nouveau.

5 Dans une poêle antiadhésive, faire fondre un peu de beurre et y déposer des cuillerées de pâte d'environ ¼ de tasse pour former des pancakes de taille semblable. Cuire pendant 2 à 3 minutes de chaque côté.

6 Arroser les pancakes de sauce aux bananes caramélisées et servir.

TRUCS & ASTUCES

J'adore utiliser du beurre d'arachide croquant pour cette recette.

RECETTE
MÂLE

ŒUFS BÉNÉDICTINE &
SAUCE HOLLANDAISE EXPRESS

QUANTITÉ *4 portions (2 œufs par personne)* *20 min* **49**
CATÉGORIES *gourmand · pour recevoir · rapide*

INGRÉDIENTS

3 jaunes d'œufs

1 c. à soupe de jus de citron

½ c. à thé de sel

*Une pincée de piment
de Cayenne*

½ tasse de beurre, fondu

¼ de tasse de vinaigre blanc

8 œufs

*4 muffins anglais,
ouverts en deux*

*8 tranches de bacon, cuites
et croustillantes*

*Ciboulette hachée,
pour décorer*

ÉTAPES

1 Dans un mélangeur, verser les jaunes d'œufs,
le jus de citron, le sel et le piment de Cayenne,
puis mélanger pendant 1 minute à forte intensité.

2 Laisser le mélangeur en marche, puis verser le beurre
fondu progressivement sur les jaunes d'œufs.

3 Transférer la sauce hollandaise dans un petit bol
et réserver à température ambiante.

4 Verser 5 centimètres d'eau ainsi que le vinaigre dans
une petite casserole et porter à ébullition.

5 Baisser la température à feu moyen-doux, puis
casser 4 œufs délicatement dans l'eau, sans remuer.
Laisser mijoter doucement pendant 3 ½ minutes.
Répéter pour les 4 autres œufs.

6 Pendant ce temps, griller les demi-muffins anglais
et les garnir d'une tranche de bacon.

7 Égoutter les œufs avec une cuillère trouée et en
déposer un sur chaque tranche de muffin anglais.

8 Napper de sauce hollandaise, puis servir avec un peu
de ciboulette et de piment de Cayenne pour décorer.

CRETONS DE PORC

50

Quand j'étais jeune, je dévisageais mes oncles lorsqu'ils mangeaient des cretons sur des tranches de pain généreusement tartinées de moutarde jaune. Pourtant, me voilà aujourd'hui follement amoureuse de ce mariage de saveurs qui m'a inspirée pour la création de cette recette.

ÉTAPES

1 Dans une casserole, faire chauffer le beurre et attendrir l'oignon pendant 5 minutes.

2 Ajouter le reste des ingrédients et porter à ébullition. Couvrir, puis laisser mijoter à feu doux pendant 1 h 30 en remuant régulièrement.

3 Goûter afin de rectifier l'assaisonnement au besoin, puis verser la préparation dans des ramequins individuels.

4 Bien presser le mélange, puis laisser refroidir complètement avant de congeler ou de déguster.

INGRÉDIENTS

2 c. à soupe de beurre

1 tasse d'oignon, haché finement

2 lb de porc haché, mi-maigre

1 gousse d'ail, hachée finement

2 tasses de mie de pain

2 tasses de lait

2 c. à soupe de moutarde de Dijon

1 sachet (55 g) de préparation pour soupe à l'oignon, du commerce

1 c. à soupe de sarriette fraîche, hachée

½ c. à thé de sel

Poivre, au goût

RECETTE
MÂLE

QUANTITÉ *10 burritos* 🥄 *30 min*
CATÉGORIES *économique · rapide · sans gluten · végé*

BURRITOS MATIN
À FAIRE À L'AVANCE

Avant qu'on se rencontre, Alex mangeait constamment dans les restaurants rapides. Il me disait que c'était par manque de temps et d'énergie, mais je crois qu'il s'agissait plutôt d'un manque d'inspiration et d'organisation. Après avoir mis ma théorie à l'épreuve pendant plusieurs mois, il se range maintenant derrière moi et affirme, lui aussi, que de cuisiner des repas à l'avance nous fait gagner beaucoup de temps, de sous et d'énergie.

Voici une recette de burritos qui se conservent pendant plusieurs semaines au congélateur et qui se réchauffent en quelques secondes au four à micro-ondes. C'est un déjeuner parfait pour les matins pressés.

INGRÉDIENTS

8 œufs

Sel et poivre, au goût

Huile d'olive, pour la cuisson

½ oignon jaune, haché finement

1 poivron rouge, coupé en petits dés

½ piment jalapeno, épépiné et haché finement

1 boîte (540 ml) de haricots noirs, rincés, égouttés et écrasés légèrement à la fourchette

¼ de tasse d'eau

1 c. à soupe de miel

¼ c. à thé de paprika fumé

1 c. à soupe d'origan frais, haché finement

1 ½ tasse de fromage monterey jack, râpé

10 tortillas de taille moyenne

ÉTAPES

1   Dans un bol, fouetter les œufs et assaisonner.

2   Dans une grande poêle antiadhésive, faire chauffer un filet d'huile d'olive, puis verser les œufs et mélanger constamment à l'aide d'un fouet, jusqu'à ce qu'ils soient cuits et brouillés. Réserver.

3   Dans une grande poêle, faire chauffer un filet d'huile d'olive, puis attendrir l'oignon, le poivron et le piment jalapeno pendant environ 5 minutes. Ajouter les haricots noirs, l'eau, le miel, le paprika fumé et l'origan, puis bien assaisonner. Poursuivre la cuisson pendant 5 minutes.

4   Ajouter ½ tasse de fromage râpé et réserver.

5   Sur un plan de travail, étendre les tortillas, puis répartir les œufs, la préparation aux haricots et le reste du fromage râpé sur chacune d'elles.

6   Rouler les tortillas, les emballer individuellement dans de la pellicule plastique, puis les conserver au congélateur.

7   Faire chauffer les burritos pendant quelques secondes au four à micro-ondes juste avant de déguster.

QUANTITÉ *1 ½ tasse*   *35 min*
CATÉGORIES   *à offrir · gourmand · pour recevoir · sans gluten · végé*

Il existe tellement de façons de déguster mon beurre de poires que je ne m'en lasse pas. J'adore en mettre sur des toasts, sur un croissant, en ajouter une grosse cuillerée dans mes smoothies ou bien en verser sur un bol de yogourt grec à la vanille.

J'aime aussi me faire du gruau de quinoa au beurre de poires ; il suffit de faire cuire ¼ de tasse de quinoa dans ½ tasse de lait d'amande, d'y ajouter un peu de beurre de poires, de bien mélanger, puis de garnir le tout de noix caramélisées.

BEURRE
DE POIRES

INGRÉDIENTS

1 c. à soupe de beurre, pour la cuisson

6 poires, pelées, sans le cœur et coupées en dés

1 c. à soupe de jus de citron

¼ de tasse de cassonade

½ c. à thé d'extrait de vanille

½ tasse de beurre froid, coupé en cubes

ÉTAPES

1   Dans une grande casserole, faire
    fondre le beurre pour la cuisson, puis
    ajouter les poires, le jus de citron,
    la cassonade et la vanille.

2   Cuire pendant 15 minutes à feu doux,
    en remuant de temps à autre.

3   Retirer du feu, puis laisser tempérer
    le mélange pendant 5 à 10 minutes.

4   À l'aide d'un pied-mélangeur ou
    d'un robot culinaire, réduire le mélange
    en purée, puis ajouter les cubes de
    beurre un à la fois, jusqu'à ce que
    le tout soit incorporé.

5   Transférer dans de petits pots,
    puis laisser refroidir complètement.

Lorsque mon frère et moi étions jeunes, mon papa nous préparait souvent de la crème Budwig du docteur Albert, qui était en réalité une invention de la docteure Catherine Kousmine. C'était sa façon de bien nous nourrir et surtout de faire plaisir à nos papilles, ce qui n'était pas un combat gagné d'avance. Je mange encore souvent ce délice du matin, que j'ai adapté à mes goûts.

CRÈME BUDWIG & FRUITS FRAIS

QUANTITÉ *2 portions*   *10 min*

CATÉGORIES *rapide · repas cru · sans gluten · sans lactose · végé*

INGRÉDIENTS

*½ tasse de lait d'amande,
  nature ou à la vanille*

1 banane mûre

*1 petite pomme verte, pelée,
  sans le cœur et coupée en quartiers*

Le jus de ½ citron

*1 c. à soupe de sirop d'érable,
  de miel ou de sirop d'agave*

4 dattes, dénoyautées et coupées en petits dés

1 c. à soupe de graines de chia, moulues

1 c. à soupe de graines de lin, moulues

1 c. à soupe de graines de tournesol, moulues

Fruits frais au choix, pour garnir

ÉTAPES

1   Au mélangeur, broyer le lait d'amande, la banane, la pomme, le jus de citron et le sirop d'érable jusqu'à la consistance désirée. (J'aime bien lorsqu'il reste des morceaux de banane et de pomme.)

2   Verser le tout dans un gros bol, puis ajouter les dattes et les graines de chia, de lin et de tournesol. Bien mélanger.

3   Servir avec des fruits frais et un peu plus de sirop d'érable, au goût.

TRUCS & ASTUCES

Pour un déjeuner plus complet, je remplace le lait d'amande par du yogourt grec ou du tofu dessert.

CHAPITRE

No 2

*Bouchées &
collations*

MUFFINS AUX POMMES, ÉRABLE & CHEDDAR

INGRÉDIENTS

1 tasse de farine tout usage

1 c. à thé de poudre à pâte

Une pincée de sel

1 œuf

1 c. à thé de jus de citron

¼ de tasse de lait

½ tasse de sirop d'érable

1 tasse de pommes rouges, râpées (avec la peau)

1 tasse de fromage cheddar fort, râpé

ÉTAPES

1   Préchauffer le four à 350 °F, puis chemiser 6 moules à muffins de caissettes en papier. Réserver.

2   Dans un bol, mélanger la farine, la poudre à pâte et le sel. Réserver.

3   Dans un autre bol, mélanger l'œuf, le jus de citron, le lait et le sirop d'érable.

4   Incorporer les ingrédients secs, bien mélanger, puis ajouter les pommes et le cheddar fort.

5   Répartir le mélange dans les moules à muffins, puis enfourner pendant 22 à 25 minutes.

HOUMOUS
À LA BETTERAVE

QUANTITÉ *1 ½ tasse*   *5 min*   *25 min*
CATÉGORIES *économique · pour recevoir · rapide · sans gluten · sans lactose · végé*

Chaque fois que je cuisine du houmous, mon mari me dit à quel point ça le rend « de bon houmous » et j'éclate de rire à tout coup. C'est donc à la blague que j'ai d'abord eu envie de créer deux recettes de houmous différentes afin d'avoir une section du livre à lui montrer les jours où il est marabout.

Finalement, je suis super fière du résultat. Je me rends compte que c'est en mettant ces petits moments de bonheur de l'avant que j'arrive aux meilleurs résultats en cuisine et ça, ça me rend « de bon houmous ».

INGRÉDIENTS

1 tasse de betteraves, pelées et coupées en dés

1 boîte (540 ml) de pois chiches, rincés et égouttés

¼ de tasse d'huile végétale

¼ de tasse d'eau

¼ de tasse de tahini (beurre de sésame)

1 gousse d'ail

Le jus d'un citron

½ c. à thé de sel

Poivre

ÉTAPES

1 Déposer les betteraves dans une petite casserole et recouvrir d'eau. Porter à ébullition, puis laisser mijoter pendant 20 minutes, ou jusqu'à ce que les betteraves soient tendres.

2 Égoutter et verser dans un mélangeur avec le reste des ingrédients.

3 Réduire le tout en une purée lisse et homogène. Rectifier l'assaisonnement, puis laisser refroidir complètement au réfrigérateur avant de déguster.

HOUMOUS À L'AIL RÔTI

INGRÉDIENTS

1 tête d'ail

Un filet d'huile d'olive

Sel et poivre, au goût

1 boîte (540 ml) de pois chiches, rincés et égouttés

¼ de tasse d'huile végétale

¼ de tasse d'eau

2 c. à soupe de tahini (beurre de sésame)

Le jus d'un citron

Paprika fumé, pour décorer

Persil frais haché, pour décorer

ÉTAPES

1   Préchauffer le four à 375 °F.

2   Couper le bout de la tête d'ail de manière à exposer toutes les gousses. Déposer au centre d'un carré de papier d'aluminium. Arroser d'un filet d'huile d'olive, assaisonner et bien refermer le papier d'aluminium. Enfourner pendant 30 minutes, puis laisser tiédir.

3   Presser la tête d'ail pour en faire sortir les gousses.

4   Déposer l'ail confit ainsi que le reste des ingrédients dans un robot culinaire.

5   Réduire le tout en une purée lisse et homogène. Rectifier l'assaisonnement, puis laisser refroidir complètement au réfrigérateur avant de déguster.

6   Au moment de servir, décorer d'un peu de paprika fumé et de persil frais.

BARRES TENDRES
À LA NOIX DE COCO,
AMANDES &
CHOCOLAT NOIR

RECETTE À LA PAGE 68

BARRES TENDRES À LA NOIX DE COCO, AMANDES & CHOCOLAT NOIR

QUANTITÉ *8–10 barres*   🥄 *25 min*   🕐 *1 h*
CATÉGORIES   *à offrir · repas cru · sans gluten · sans lactose · végé*

Cette recette est un incontournable à la maison ; j'en fais presque toutes les semaines et je ne m'en lasse jamais. Le secret, pour obtenir des barres qui se tiennent bien et qui sont tendres, réside dans la qualité des dattes cuisinées, ce qui m'amène à vous parler de la marque PRANA, qui propose une gamme de produits santé biologiques transformés au Québec. Leurs dattes sont incroyablement délicieuses, juteuses et tendres, et elles font honneur à toutes les recettes dans lesquelles je les intègre.

PHOTO À LA PAGE 66

TRUCS & ASTUCES

Se conserve au réfrigérateur dans un contenant hermétique pendant 7 à 8 jours.

INGRÉDIENTS

2 tasses de dattes Medjool, dénoyautées

1 tasse de poudre d'amandes

½ tasse de beurre d'amande

1 tasse de noix de coco râpée, non sucrée

¼ de tasse de miel

100 g de chocolat noir 70 % ou cru

2 c. à soupe d'huile de coco

ÉTAPES

1   Tapisser un moule carré de 8 po × 8 po de pellicule plastique. Réserver.

2   Déposer les dattes dans un bol et les recouvrir d'eau tiède. Laisser reposer pendant 10 minutes, puis les égoutter.

3   Verser les dattes, la poudre d'amandes, le beurre d'amande, la noix de coco et le miel dans un robot culinaire. Mélanger le tout jusqu'à l'obtention d'une boule de pâte homogène.

4   Répartir le mélange au fond du moule. Réserver.

5   Au bain-marie ou au four à micro-ondes, faire fondre le chocolat noir. Ajouter l'huile de coco, bien mélanger, puis verser sur la préparation de dattes. Étendre uniformément sur toute la surface, puis laisser refroidir pendant une heure. Couper en barres.

Cette idée de recette m'est venue alors que je préparais un tiramisu pour un souper avec des amis. En constatant qu'il me restait du mascarpone, j'ai pensé que de le récupérer en créant des petites bouchées à partir de ce fromage serait économique et original. J'ai donc fait le tour de mes armoires pour trouver des aliments qui me semblaient compatibles, puis j'ai créé ces petites merveilles qui ont fait fureur lors de l'apéro.

J'utilise des abricots séchés biologiques, ce qui explique leur couleur plus brune. Je ne voudrais influencer personne, mais je recommande fortement à tout le monde d'opter pour ceux-ci plutôt que pour ceux de couleur orange fluo que l'on connaît bien.

ABRICOTS FARCIS
AU FROMAGE MASCARPONE,
PISTACHES & MIEL

QUANTITÉ *22 bouchées* 🥄 *20 min*
CATÉGORIES *pour recevoir · rapide · sans gluten · végé*

ÉTAPES

1 Préchauffer le four à 350 °F. Tapisser une plaque à pâtisserie de papier parchemin. Réserver.

2 Dans un bol, mélanger tous les ingrédients « pour la farce ». Assaisonner et réserver.

3 Ouvrir les abricots en deux en prenant soin de ne pas les séparer complètement.

4 Farcir les abricots, puis piquer un cure-dents à travers chacun d'eux afin de fixer le tout.

5 Disposer les abricots sur la plaque, puis enfourner pendant 3 à 4 minutes. Servir aussitôt.

INGRÉDIENTS

22 gros abricots séchés

POUR LA FARCE

½ tasse de fromage mascarpone

¼ de tasse de pistaches grillées, hachées grossièrement

Le zeste de ½ orange

1 c. à thé de gingembre frais, pelé et haché finement

1 c. à soupe de miel

Sel et poivre, au goût

Attention! Cette recette peut créer une dépendance. J'adore en faire une grande quantité afin d'en offrir en cadeau. Ces noix sont délicieuses en guise de petite collation ou pour remplacer les croûtons dans une salade.

NOIX ASSAISONNÉES

INGRÉDIENTS

1 blanc d'œuf

*3 tasses de noix mélangées, au goût
(amandes, arachides, noix du Brésil,
noix de cajou, noix de macadam,
noix de Grenoble, etc.)*

Le mélange d'épices choisi (voir page 73)

ÉTAPES

1   Préchauffer le four à 300 °F. Tapisser une plaque à pâtisserie de papier parchemin. Réserver.

2   Dans un bol, fouetter le blanc d'œuf au batteur électrique jusqu'à l'obtention de pics fermes.

3   Ajouter les noix, puis mélanger délicatement à l'aide d'une cuillère.

4   Incorporer l'un des quatre mélanges d'épices en remuant délicatement.

5   Étaler les noix en une seule couche sur la plaque, puis enfourner pendant 40 minutes, en prenant soin de remuer à mi-cuisson.

6   Laisser refroidir complètement.

QUANTITÉ *3 tasses par saveur*   *8 min*   *40 min*
CATÉGORIES *à offrir · gourmand · pour recevoir · sans gluten · sans lactose · végé*

CANNELLE ÉPICÉE

½ tasse de sucre

1 c. à thé de cannelle moulue

¼ c. à thé de paprika fumé

⅛ c. à thé de piment
de Cayenne

½ c. à soupe de sel

ÉRABLE & CARI

½ tasse de sucre d'érable, râpé

1 c. à thé de poudre de cari

½ c. à soupe de sel

BARBECUE

½ tasse de sucre

1 c. à thé de paprika

¼ c. à thé de piment de Cayenne

½ c. à thé de cumin

½ c. à thé de moutarde en poudre

½ c. à soupe de sel

SUCRÉ & SALÉ

½ tasse de sucre

½ c. à soupe de sel

CRAQUELINS AU PARMESAN

Ce qui est génial avec ces craquelins, c'est qu'ils sont extrêmement polyvalents et qu'ils peuvent aussi bien être servis avec des charcuteries et des fromages, lors d'un apéro, que dans une boîte à lunch.

Quant à leur allure, amusez-vous à les créer à votre image. Si vous disposez d'un couteau à ravioli, utilisez-le pour tracer des carrés aux bordures ondulées. Ça donne un résultat si joli !

INGRÉDIENTS

¼ de tasse de crème

1 c. à soupe de sirop d'érable

1 c. à soupe de vinaigre balsamique

1 tasse de farine tout usage

½ tasse de fromage parmesan râpé

Une pincée de sel

5 c. à soupe de beurre froid,
    coupé en cubes

QUANTITÉ *20 craquelins* 🥢 *15 min* 🕐 *10 min* **75**

CATÉGORIES *à offrir · pour recevoir · rapide · végé*

ÉTAPES

1   Préchauffer le four à 400 °F. Tapisser une plaque à cuisson de papier parchemin. Réserver.

2   Dans un bol, mélanger la crème, le sirop d'érable et le vinaigre balsamique. Réserver.

3   Dans un robot culinaire, pulser la farine, le parmesan, le sel et le beurre jusqu'à l'obtention d'une texture granuleuse.

4   Ajouter les ingrédients liquides, tout en pulsant, jusqu'à l'obtention d'une pâte.

5   Sur un plan de travail fariné, abaisser la pâte à environ ½ centimètre d'épaisseur.

6   À l'aide d'un emporte-pièce, former une vingtaine de craquelins. Avec une fourchette, y faire de petits trous.

7   Déposer les craquelins sur la plaque, puis les enfourner pendant 10 à 12 minutes, ou jusqu'à ce qu'ils soient légèrement dorés.

TRUCS & ASTUCES

Ces craquelins se conservent jusqu'à 7 jours dans un contenant hermétique.

C'est impossible d'être reçue chez ma belle-mère sans passer la soirée les mains plongées dans de petits amuse-gueules faits maison, parfaitement disposés au centre de sa table de bois antique. Elle est bonne cuisinière (le fils ne retient pas de la mère) et adore l'art de la table, tout comme moi. Ses armoires débordent de vaisselle magnifique et ça sent toujours bon dans sa maison.

L'été dernier, elle m'a préparé une salsa à base d'ananas. Dès la première bouchée, j'ai su que j'allais devoir commettre un vol de recette afin d'en faire profiter le plus de gens possible.

SALSA DE MANGUE, TOMATE & ANANAS

QUANTITÉ *6–8 portions* 🥄 *20 min* 🕐 *20 min*

CATÉGORIES *pour recevoir · repas cru · sans gluten · sans lactose · végé*

INGRÉDIENTS

1 boîte (540 ml) d'ananas broyés

1 mangue, coupée en petits dés

1 tomate, épépinée et coupée en petits dés

½ poivron rouge, coupé en petits dés

½ poivron jaune, coupé en petits dés

¼ de tasse d'oignon rouge, haché finement

2 c. à soupe de coriandre fraîche, hachée finement

Le jus de ½ lime

½ c. à thé de sucre

Tabasco, au goût (optionnel)

Sel et poivre, au goût

ÉTAPES

1   Bien égoutter les ananas et les verser dans un bol.

2   Ajouter le reste des ingrédients, bien mélanger, assaisonner généreusement, puis laisser reposer au réfrigérateur pendant 20 minutes. Déguster.

SUCETTES GLACÉES

ÉTAPES

1   Dans un robot-mélangeur, verser tous les ingrédients de la saveur choisie, puis les réduire en une purée lisse et homogène.

2   Répartir dans des moules à sucettes glacées, avec le bâton. Mettre au congélateur jusqu'à ce qu'elles soient glacées. Déguster.

FRAISES, ÉRABLE & BASILIC

6 c. à soupe de sirop d'érable

½ tasse d'eau

2 c. à soupe de feuilles de basilic frais

5 tasses de fraises, équeutées

QUANTITÉ *12 sucettes glacées par saveur* 🥄 *10 min*

🕐 *2 h et +* CATÉGORIES *économique · sans gluten · végé*

POMME VERTE
& YOGOURT

1 pomme verte, sans le cœur

2 tasses de yogourt à la vanille

½ tasse d'épinards

3 c. à soupe de miel

1 tasse d'eau

ANANAS &
LAIT DE COCO

1 boîte (398 ml) de lait de coco

¼ de tasse de miel

*5 tasses d'ananas bien mûr,
coupé en cubes*

CHAPITRE

No 3

Lunchs & salades

FROMAGE FÉTA, TOMATES BALSAMIQUES, PISTACHES & THYM FRAIS

QUANTITÉ *4 portions* 🥄 *5 min* 🕐 *20 min*

CATÉGORIES *pour recevoir · rapide · sans gluten · végé*

INGRÉDIENTS

Une vingtaine (400 g) de tomates cerises, en grappe

Huile d'olive, en quantité suffisante

3 c. à soupe de vinaigre balsamique

4 branches de thym

Sel et poivre, au goût

1 tasse de fromage féta, émietté

½ tasse de pistaches, hachées grossièrement

ÉTAPES

1   Préchauffer le four à 350 °F.

2   Au fond d'un plat allant au four, disposer les tomates et les recouvrir aux deux tiers avec l'huile d'olive. Ajouter le vinaigre balsamique et 3 branches de thym. Assaisonner et enfourner pendant 20 minutes.

3   Émietter le fromage féta sur toute la surface d'une grande assiette de service, puis disposer les tomates, les feuilles d'une branche de thym et les pistaches. Servir.

On a tendance à se casser la tête lorsque vient le temps de recevoir ou d'apporter un petit quelque chose à manger chez des amis. On veut impressionner et surprendre, et on souhaite tellement faire plaisir qu'on oublie d'avoir du plaisir nous-mêmes, alors que c'est pourtant la clé du succès en cuisine.

À la base, mon idée de bar à « sandwichs pas de croûte » visait à prouver à Alex que j'étais capable de faire de ce vieux classique méprisé et sous-estimé un succès lors d'une soirée entre amis. En plus de passer un bon moment dans la cuisine, de me faire taquiner par mon mari et de voir ma créativité stimulée à 200 %, je suis arrivée à ma soirée tout heureuse et pleinement assumée.

Le fait de ne pas me prendre trop au sérieux enlève tout l'aspect de performance autour de ma cuisine. Quand les gens goûtent à mes plats, c'est comme si j'offrais un cadeau. Quand ils aiment ça, c'est tant mieux, et quand ils aiment moins, je souris et je garde en moi tout le bonheur que j'ai eu à les cuisiner.

85

SANDWICHS PAS DE CROÛTE DE LUXE

SUITE À LA PAGE 86

CREVETTES ÉPICÉES

INGRÉDIENTS

*2 tasses (environ 400 g)
de crevettes nordiques (de Matane)*

½ tasse de mayonnaise

1 c. à soupe de sauce chili (sriracha)

*¼ c. à thé de purée de raifort,
du commerce*

*¼ de tasse de ciboulette,
hachée finement*

¼ c. à thé de sel

Poivre

10 tranches de pain blanc

ÉTAPES

1   Dans un robot culinaire, broyer les crevettes. Transférer dans un bol.

2   Ajouter le reste des ingrédients, bien mélanger à l'aide d'une cuillère, puis tartiner 5 tranches de pain.

3   Recouvrir d'une autre tranche de pain, retirer les croûtes, puis couper en triangles.

POULET AU CARI

INGRÉDIENTS

2 tasses (environ 3 poitrines)
   de poulet cuit, froid

¼ de tasse de persil frais, haché

½ tasse de mayonnaise

1 c. à soupe de poudre de cari

Le jus de ½ lime

¼ c. à thé de sel

Poivre

10 tranches de pain blanc

ÉTAPES

1 Dans un robot culinaire, broyer
   la chair de poulet et la transférer
   dans un bol.

2 Ajouter le reste des ingrédients,
   bien mélanger à l'aide d'une cuillère,
   puis tartiner 5 tranches de pain.

3 Recouvrir d'une autre tranche
   de pain, retirer les croûtes, puis
   couper en triangles.

SANDWICHS PAS DE CROÛTE DE LUXE

SUITE DE LA PAGE 85

DUO DE SAUMONS

INGRÉDIENTS

400 g de saumon frais,
   sans la peau et coupé en cubes

¼ de tasse de crème 35 %

Le jus de ½ citron

120 g de saumon fumé

¼ de tasse d'aneth frais, haché
   (ou autre herbe de votre choix)

2 oignons verts, hachés finement

2 c. à soupe de beurre, fondu

3 c. à soupe de mayonnaise

¼ c. à thé de sel

Poivre

10 tranches de pain blanc

ÉTAPES

1 Dans une petite casserole, combiner
   le saumon frais, la crème ainsi que
   le jus de citron. Assaisonner, couvrir
   et laisser mijoter pendant 5 minutes,
   ou jusqu'à ce que le saumon soit cuit.

2 Égoutter le saumon et le transférer dans
   le robot culinaire.

3 Ajouter le saumon fumé et broyer
   le tout. Transférer dans un bol.

4 Ajouter le reste des ingrédients, bien
   mélanger, puis tartiner 5 tranches de pain.

5 Recouvrir d'une autre tranche
   de pain, retirer les croûtes, puis
   couper en triangles.

LES PESTOS

PESTO CLASSIQUE

½ tasse de noix de pin, grillées

2 tasses de basilic frais

1 gousse d'ail

¼ de tasse d'huile végétale (arachide,
canola, tournesol, pépins de raisin, etc.)

3 c. à soupe de fromage parmesan frais, râpé

¼ de tasse d'huile d'olive vierge extra

Le jus et le zeste de ½ citron

Sel et poivre, au goût

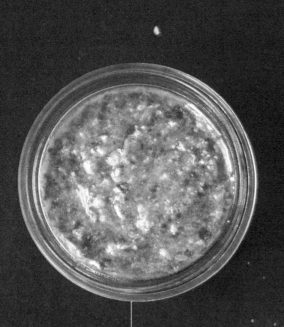

PESTO CLASSIQUE, SANS NOIX

½ tasse de fèves de soya

½ tasse de basilic frais

1 gousse d'ail

½ tasse d'huile végétale (arachide, canola,
tournesol, pépins de raisin, etc.)

Le jus et le zeste de ½ citron

3 c. à soupe de fromage parmesan frais, râpé

Sel et poivre, au goût

PESTO DE PISTACHES

1 tasse de pistaches

½ tasse de basilic frais

1 gousse d'ail

½ tasse d'huile végétale (arachide, canola,
tournesol, pépins de raisin, etc.)

Le jus et le zeste d'un citron

3 c. à soupe de fromage parmesan frais, râpé

2 c. à soupe d'eau

Sel et poivre, au goût

PESTO DE NOIX DE CAJOU & CORIANDRE

1 tasse de noix de cajou

1 tasse de coriandre fraîche

1 gousse d'ail

½ tasse d'huile végétale (arachide, canola, tournesol, pépins de raisin, etc.)

1 c. à soupe d'huile de sésame grillé

Le jus d'un citron

Sel et poivre, au goût

PESTO DE TOMATES SÉCHÉES & GRAINES DE TOURNESOL

10 à 12 tomates séchées dans l'huile, égouttées

2 c. à soupe de l'huile des tomates séchées

¼ de tasse d'huile végétale (arachide, canola, tournesol, pépins de raisin, etc.)

¼ ou ½ tasse de graines de tournesol

2 c. à soupe de ciboulette, hachée grossièrement

1 gousse d'ail

3 c. à soupe de fromage parmesan frais, râpé

½ c. à soupe de moutarde de Dijon

Sel et poivre, au goût

ÉTAPES

1   Verser tous les ingrédients dans le mélangeur et broyer jusqu'à l'obtention d'une belle texture lisse et homogène. Rectifier l'assaisonnement.

QUANTITÉ ¾ de tasse par recette   🥄 10 min

CATÉGORIES à offrir · rapide · sans gluten · sans lactose · végé

SALADE D'ORZO AUX LÉGUMES RÔTIS, HERBES FRAÎCHES & VINAIGRETTE À L'AIL

90

INGRÉDIENTS

POUR LA SALADE

*1 tasse de céleri-rave, pelé et coupé
en cubes d'un centimètre*

*2 tasses de courge poivrée, pelée
et coupée en cubes d'un centimètre*

*1 tasse de carottes, pelées et coupées
en cubes d'un centimètre*

1 tasse d'oignon rouge, coupé en petits dés

2 c. à soupe d'huile d'olive

Sel et poivre, au goût

2 tasses d'orzo

Une poignée de persil frais, haché

POUR LA VINAIGRETTE

2 gousses d'ail, hachées finement

2 c. à soupe de basilic frais, haché finement

2 c. à soupe de jus de lime

1 c. à soupe de miel

¼ de tasse d'huile de canola

Sel et poivre, au goût

ÉTAPES

1   Préchauffer le four à 450 °F. Tapisser une plaque à cuisson de papier parchemin. Réserver.

2   Dans un bol, mélanger le céleri-rave, la courge, les carottes, l'oignon et l'huile d'olive. Assaisonner, puis étendre sur la plaque. Enfourner pendant 20 minutes, ou jusqu'à ce que les légumes soient bien rôtis. Réserver.

3   Porter une grande casserole d'eau salée à ébullition, puis cuire l'orzo selon le temps indiqué sur l'emballage. Égoutter, puis transférer dans un grand saladier avec les légumes rôtis et le persil frais. Bien mélanger.

4   Dans un bol, combiner tous les ingrédients « pour la vinaigrette », puis verser le tout sur la salade. Rectifier l'assaisonnement et servir.

TRUCS & ASTUCES

Vous pouvez ajouter une boîte de thon aux restants de cette salade pour en faire un lunch le lendemain.

TARTINES DE PETITS POIS, RICOTTA, PROSCIUTTO & NOIX DE PIN

INGRÉDIENTS

QUANTITÉ *2 tartines* · *15 min*
CATÉGORIES *gourmand · pour recevoir · rapide*

2 c. à soupe de beurre

¼ de tasse d'oignon jaune,
haché finement

1 tasse de petits pois surgelés

2 feuilles de menthe, hachées finement

½ tasse de fromage ricotta

Le jus de ½ lime

½ c. à thé de miel

Sel et poivre, au goût

Une gousse d'ail

2 tranches de pain de campagne

4 tranches de prosciutto

2 c. à soupe de noix de pin, grillées

Fromage parmesan frais râpé, au goût

ÉTAPES

1   Dans une poêle, faire fondre le beurre et attendrir l'oignon pendant quelques minutes, ou jusqu'à ce qu'il soit translucide.

2   Ajouter les petits pois et poursuivre la cuisson jusqu'à ce qu'ils soient dégelés.

3   Transférer dans un bol et écraser grossièrement à l'aide d'une fourchette. Ajouter la menthe, la ricotta, le jus de lime et le miel, puis bien mélanger. Assaisonner et réserver.

4   Frotter la gousse d'ail sur les tranches de pain, puis les faire griller.

5   Tartiner chaque tranche du mélange de petits pois, garnir de prosciutto, de noix de pin et de parmesan, puis servir.

SALADE DE PATATES, AVOCATS, BACON & FROMAGE EN GRAINS

À mon avis, cette salade révolutionne l'histoire de la salade de patates, grâce au mariage plutôt surprenant des quatre ingrédients principaux. Le croustillant du bacon, mêlé à l'onctuosité de l'avocat, vient ajouter un petit quelque chose d'extraordinaire au fromage en grains et aux patates que les Québécois aiment déjà tant.

INGRÉDIENTS

POUR LA SALADE

6 pommes de terre à chair jaune,
  de taille moyenne

2 avocats, pelés et coupés en cubes

1 tasse de fromage en grains

6 tranches de bacon, croustillantes
  et émiettées

Sel et poivre, au goût

POUR LA SAUCE

¼ de tasse de mayonnaise

¼ de tasse de crème sure

2 c. à soupe de moutarde de Dijon

½ tasse de ciboulette, hachée finement

¼ de tasse de cornichons français,
  hachés finement

Le jus de ½ citron

Sel et poivre, au goût

QUANTITÉ *6–8 portions*   *15 min*   *40 min*
CATÉGORIES *gourmand · pour recevoir*

ÉTAPES

1   Dans un petit bol, mélanger tous les ingrédients « pour la sauce », assaisonner et réserver au frais.

2   Placer les pommes de terre dans une casserole, couvrir d'eau, porter à ébullition et laisser cuire pendant 20 minutes, ou jusqu'à ce qu'elles soient tendres. Égoutter et laisser refroidir complètement au réfrigérateur.

3   Couper les pommes de terre en cubes, puis les transférer dans un grand saladier.

4   Ajouter le reste des ingrédients ainsi que la sauce. Bien mélanger, rectifier l'assaisonnement et servir.

RECETTE
MÂLE

TRUCS & ASTUCES

En guise d'accompagnement lors d'un souper barbecue,
je vous assure que cette recette sera un succès.

VÉGÉPÂTÉ À LA PATATE DOUCE

QUANTITÉ *4–6 portions* 🥄 *20 min* 🕐 *50 min*
CATÉGORIES *économique · sans gluten · sans lactose · végé*

INGRÉDIENTS

½ tasse de graines de citrouille

¼ de tasse de graines de tournesol

1 c. à soupe d'huile d'olive

227 g de champignons blancs, tranchés

Sel et poivre, au goût

1 tasse d'oignon, haché grossièrement

1 tasse de patate douce, pelée et hachée

½ c. à thé d'origan séché

1 c. à thé de thym frais, haché

¼ de tasse de beurre d'amande

ÉTAPES

1   Préchauffer le four à 350 °F. Tapisser un moule à pain de papier parchemin. Réserver.

2   Dans une poêle, rôtir les graines de citrouille et de tournesol, puis les verser dans un robot culinaire. Réduire en poudre et réserver dans le robot.

3   Dans la même poêle, faire chauffer l'huile d'olive, puis dorer les champignons (voir astuce). Assaisonner.

4   Verser les champignons dans le robot culinaire et ajouter le reste des ingrédients.

5   Mettre le robot en marche et mélanger le tout jusqu'à l'obtention d'une texture homogène. Assaisonner généreusement, puis verser au fond du moule à pain.

6   Enfourner pendant 50 à 60 minutes, laisser refroidir complètement, puis déguster.

TRUCS & ASTUCES

Pour saisir les champignons, il faut s'assurer de faire chauffer suffisamment l'huile dans laquelle ils cuiront.
Une fois plongés dans l'huile bien chaude, il NE FAUT PAS LES REMUER jusqu'à ce qu'ils soient dorés sur un côté.
À ce moment, vous pourrez alors les tourner et attendre à nouveau qu'ils colorent. Autrement, en les cuisant douce-
ment et en les remuant trop, ils perdent leur eau et se mettent à bouillir plutôt qu'à caraméliser. Ça, c'est beurk !

Je pourrais faire un livre complet avec uniquement des recettes de ce genre, car les possibilités sont tout simplement infinies. Il suffit de prendre des ingrédients frais que vous aimez, de les disposer dans une assiette, puis de les servir avec une vinaigrette de votre choix. Question de vous inspirer un peu, voici une courte liste d'ingrédients avec lesquels vous pourriez faire votre propre bol santé : riz brun ou sauvage, noix du Brésil, noix de cajou, betteraves râpées, tomates, tofu, tempeh, etc.

BOL SANTÉ & VINAIGRETTE BALSAMIQUE AUX FRAMBOISES

INGRÉDIENTS

½ tasse de quinoa

½ tasse de carottes, râpées

½ tasse de chou rouge, râpé

¼ de tasse de noix de Grenoble

1 avocat, tranché

POUR LA VINAIGRETTE

½ tasse de framboises fraîches

2 c. à thé de vinaigre balsamique

1 c. à thé de sucre

½ tasse d'huile de canola

Sel et poivre, au goût

QUANTITÉ *4–6 portions*   *30 min*

CATÉGORIES *rapide · sans gluten · sans lactose · végé*

ÉTAPES

1 Rincer le quinoa sous l'eau froide, égoutter, puis verser dans une poêle avec 1 tasse d'eau. Porter à ébullition.

2 Baisser le feu au minimum et laisser mijoter pendant 15 minutes, ou jusqu'à ce que l'eau soit complètement absorbée.

3 Dans un robot-mélangeur, verser tous les ingrédients « pour la vinaigrette », puis bien mélanger jusqu'à l'obtention d'une texture lisse et homogène. Assaisonner et réserver au réfrigérateur.

4 Dans un bol, disposer tous les ingrédients et servir avec la vinaigrette.

Plus savoureuse de jour en jour, cette salade se conserve une bonne semaine au réfrigérateur.
J'aime bien la servir sur un nid d'épinards, avec une grillade, ou encore seule.

QUANTITÉ *4–6 portions*   *10 min*
CATÉGORIES *économique · pour recevoir · rapide · sans lactose · végé*

SALADE DE COUSCOUS
À LA MAROCAINE

ÉTAPES

1   Dans un bol, mélanger tous les ingrédients « pour la sauce » et réserver.

2   Dans un autre bol, verser le couscous et le couvrir d'eau bouillante. Laisser gonfler le couscous jusqu'à ce qu'il ait complètement absorbé l'eau. Laisser tempérer légèrement.

3   Ajouter le reste des ingrédients ainsi que la sauce, puis bien mélanger.

4   Rectifier l'assaisonnement au besoin et servir.

INGRÉDIENTS

1 tasse de couscous

1 tasse d'eau bouillante

1 tasse de pois chiches, rincés et égouttés

¾ de tasse de raisins secs

½ tasse d'amandes brunes, grossièrement hachées

1 tasse de poivron rouge, coupé en petits dés

1 tasse de céleri, coupé en petits dés

POUR LA SAUCE

½ tasse d'huile végétale

¼ de tasse de sirop d'érable

Le jus de ½ citron

¼ c. à thé de cannelle moulue

½ c. à thé de cumin moulu

½ c. à thé de curcuma

½ c. à thé de fleur de sel

Poivre, au goût

TRUCS & ASTUCES

Pour une version crue, il suffit de remplacer le couscous par du chou-fleur râpé.

BURGERS DE QUINOA À LA PURÉE DE LÉGUMES, GOUDA FUMÉ & YOGOURT AU BASILIC

Même si la liste des ingrédients parait interminable, je vous assure qu'elle est composée d'éléments très accessibles, dont la plupart se trouvent probablement déjà dans votre garde-manger.

TRUCS & ASTUCES

Quand je prépare cette recette, je fais cuire les 12 galettes, puis j'en congèle une partie afin d'en avoir à portée de main au cours des semaines suivantes.

INGRÉDIENTS

1 tasse de quinoa

2 tasses d'eau

1½ tasse de patate douce,
épluchée et coupée en dés

2 tasses de céleri-rave,
épluché et coupé en dés

1 boîte (540 ml) de pois chiches,
rincés et égouttés

1 gousse d'ail

1 c. à soupe de moutarde de Dijon

1 c. à soupe de mayonnaise

1 c. à thé de cumin moulu

1 c. à thé de paprika fumé

1 c. à thé de sel

Poivre, au goût

1 œuf

¼ de tasse de ciboulette

1 tasse de gouda fumé, râpé

½ tasse de chapelure panko

12 pains à burger

Légumes et condiments de votre choix,
pour servir (tomates, laitue, etc.)

POUR LE YOGOURT AU BASILIC

1 concombre, râpé et essoré

2 c. à soupe de mayonnaise

1 tasse de yogourt grec

1 gousse d'ail, hachée finement

2 c. à soupe de basilic, haché

1 c. à thé de miel ou de sirop d'érable

1 c. à thé de jus de citron

¼ c. à thé de sel

Poivre, au goût

QUANTITÉ *12 portions* 🥄 *45 min* 🕐 *40 min*
CATÉGORIES *économique · pour recevoir · végé*

ÉTAPES

1   Préchauffer le four à 400 °F. Tapisser une plaque
à cuisson de papier parchemin. Réserver.

2   Rincer le quinoa sous l'eau froide.

3   Dans une casserole, verser le quinoa et l'eau, puis
porter à ébullition. Baisser le feu et laisser mijoter
pendant 15 minutes, ou jusqu'à ce que l'eau soit
complètement absorbée par le quinoa. Réserver.

4   Placer les cubes de patate douce et de céleri-
rave dans une casserole. Couvrir d'eau, porter à
ébullition et laisser mijoter pendant 20 minutes.
Égoutter, puis transférer dans un robot-mélangeur.

5   Ajouter les pois chiches, l'ail, la moutarde de Dijon,
la mayonnaise, le cumin, le paprika, le sel et le
poivre, puis réduire le tout en une purée homogène.
Transférer dans un bol.

6   Ajouter le quinoa, l'œuf, la ciboulette, le gouda et
la chapelure panko. Assaisonner et bien mélanger.

7   Façonner 12 galettes, puis les disposer sur la plaque.
Enfourner pendant 40 minutes en prenant soin
de les tourner à mi-cuisson.

8   Dans un bol, mélanger tous les ingrédients « pour
le yogourt au basilic ».

9   Garnir les pains à burger d'une galette, de yogourt
et des légumes et condiments de votre choix.

QUANTITÉ *2 tasses* | *5 min*
CATÉGORIES *économique · pour recevoir ·*
rapide · sans gluten · végé

UNE TREMPETTE
& UNE VINAIGRETTE
À LA FOIS

INGRÉDIENTS

1 tasse de yogourt grec nature

½ tasse de mayonnaise

¼ de tasse de pesto au basilic,
maison (voir page 88) ou du commerce

1 c. à thé de moutarde de Dijon

¼ de tasse de tamari

Le jus d'un citron

ÉTAPES

1   Dans un bol, mélanger tous les ingrédients.

La trempette

Cette recette de trempette extraordinaire
est délicieuse avec des crudités (fenouil,
carottes, courgettes, bouquets de brocoli et
de chou-fleur, etc.) ainsi qu'avec des craquelins
et des morceaux de fromage.

La vinaigrette

J'utilise souvent cette recette en guise
de vinaigrette pour une variété de salades
(quinoa, pâtes, millet, etc.)

En y ajoutant une petite touche de jus
de citron, elle devient une vinaigrette idéale
pour une salade verte remplie de bons
légumes, de fromage parmesan et d'un peu
de noix assaisonnées (voir page 72).

J'ai longtemps eu un préjugé envers les poulets déjà cuits à l'épicerie. Puis, un jour, Alex m'a dit : « Ce n'est pas parce que le poulet a été déposé dans un autre four que le tien et par un autre que toi qu'il doit être méprisé ! » J'ai alors décroché et je me suis accordé le droit d'y avoir recours les soirs où mon envie de passer du temps en cuisine se fait timide.

C'est d'ailleurs avec un poulet cuit de l'épicerie ainsi qu'un restant de pâte de cari rouge que j'ai fait cette recette que j'adore pour la première fois.

Vous remarquerez qu'il y a beaucoup plus de sauce que de poulet et c'est dans le but d'en ajouter au goût dans votre assiette, afin d'accompagner les vermicelles et les légumes.

SALADE DE POULET AU CARI, LÉGUMES & VERMICELLES

QUANTITÉ *4 portions* ✎ *20 min*
CATÉGORIES *pour recevoir · rapide · sans gluten*

ÉTAPES

1   Dans un bol, combiner tous les ingrédients « pour la sauce ». Ajouter le poulet ou le tofu, puis bien mélanger.

2   Dans un autre bol, déposer les carottes, le bok choy, les vermicelles de riz, les herbes fraîches et l'huile végétale, puis bien mélanger. Disposer au fond des assiettes, puis garnir d'un peu de poulet ainsi que de sauce.

INGRÉDIENTS

2 tasses de lanières de poulet cuit (ou de tofu, pour une version végétarienne)

1 tasse de carottes, râpées

1½ tasse de bok choy, haché en lanières

120 g de vermicelles de riz, cuits comme indiqué sur l'emballage

Une poignée d'herbes fraîches hachées, au choix (persil, basilic, coriandre)

Un filet d'huile végétale

POUR LA SAUCE

½ tasse de yogourt nature

½ tasse de mayonnaise

2 c. à soupe de pâte de cari rouge

Le jus de ½ citron

2 c. à soupe de tamari

CHAPITRE

No 4

Soupes & potages

CRÈME DE BETTERAVES
& BEURRE D'AMANDE

Je suis fière d'avoir pris la chance de créer un mélange de saveurs improbable en combinant des betteraves et du beurre d'amande, car le résultat est juste fabuleux. (J'me pense bonne!)

Bien que je recommande toujours aux gens de s'amuser avec mes recettes et de les modifier selon leurs goûts, je suggère exceptionnellement de suivre celle-ci à la lettre puisque chaque ingrédient apporte un petit quelque chose qui forme un tout incroyable.

QUANTITÉ *6 portions*   *20 min*   *30 min*
CATÉGORIES *pour recevoir · sans gluten · végé (avec bouillon de légumes)*

INGRÉDIENTS

1 oignon jaune, haché grossièrement

2 c. à soupe de beurre

Sel et poivre, au goût

3 tasses de betteraves, pelées et coupées en cubes

1 pomme de terre, pelée et coupée en cubes

2 c. à soupe de vinaigre balsamique

4 tasses de bouillon de poulet

¼ de tasse de beurre d'amande

½ tasse de crème 15 % ou 35 %

¼ de tasse d'amandes effilées, grillées, pour garnir

ÉTAPES

1   Dans une grande casserole, faire revenir l'oignon dans le beurre pendant 5 minutes, ou jusqu'à ce qu'il soit translucide. Assaisonner.

2   Ajouter les betteraves, la pomme de terre et le vinaigre balsamique, puis poursuivre la cuisson pendant 2 minutes.

3   Ajouter le bouillon de poulet, le beurre d'amande et la crème. Porter à ébullition, puis laisser mijoter à feu doux pendant 30 minutes.

4   À l'aide d'un robot culinaire ou d'un pied-mélangeur, réduire le tout en purée lisse. Rectifier l'assaisonnement au besoin, puis servir avec des amandes effilées.

SOUPES & POTAGES

TRUCS & ASTUCES

Les gens allergiques aux noix peuvent remplacer le beurre d'amande par du beurre de soya.

SOUPE THAÏE AUX CREVETTES & LÉGUMES

INGRÉDIENTS

Un filet d'huile d'olive, pour la cuisson

1 oignon jaune, haché grossièrement

Sel et poivre, au goût

2 c. à thé de garam masala

1 c. à soupe de pâte de cari rouge

1 c. à thé de sauce sriracha

1 c. à soupe de gingembre frais, pelé et haché

2 gousses d'ail, hachées grossièrement

1 boîte (398 ml) de lait de coco

¼ de tasse de pâte de tomates

1 c. à soupe de miel

Le zeste et le jus d'une lime

1 c. à soupe de sauce soya

1 c. à soupe de sauce de poisson

8 tasses de bouillon de poulet

1 tasse de bouquets de brocoli

8 mini bok choy, coupés en deux

1 lb de crevettes crues et décortiquées

100 g de vermicelles de riz

Une grosse poignée de coriandre fraîche, hachée grossièrement

2 oignons verts, émincés en biseau

ÉTAPES

1   Dans une casserole, faire chauffer un filet d'huile d'olive, puis attendrir l'oignon pendant 5 minutes, ou jusqu'à ce qu'il soit translucide. Bien assaisonner.

2   Ajouter le garam masala, la pâte de cari, la sauce sriracha, le gingembre et l'ail, puis poursuivre la cuisson pendant 3 minutes.

3   Ajouter le lait de coco et bien mélanger.

4   À l'aide d'un pied-mélangeur, réduire le tout en une purée lisse et homogène directement dans la casserole.

5   Ajouter la pâte de tomates, le miel, le zeste et le jus de lime, la sauce soya, la sauce de poisson et le bouillon de poulet. Porter à ébullition, puis réduire le feu.

6   Ajouter le reste des ingrédients et laisser mijoter pendant 5 minutes, ou jusqu'à ce que les crevettes et les vermicelles soient cuits. Rectifier l'assaisonnement et servir.

POTAGE À LA COURGE,
HARICOTS BLANCS & GARNITURE
DE QUINOA AUX HERBES FRAÎCHES

QUANTITÉ *4–6 portions* ⚭ *30 min* ⏱ *45 min*
CATÉGORIES *pour recevoir · sans gluten*

ÉTAPES

1 Dans une casserole, faire fondre le beurre avec les feuilles de sauge. Laisser infuser pendant 5 minutes, puis retirer la sauge.

2 Ajouter les cubes de courge, les haricots blancs, les échalotes françaises et l'ail. Assaisonner généreusement, puis poursuivre la cuisson pendant 5 minutes.

3 Ajouter le bouillon de poulet, le miel et le jus de citron. Assaisonner de nouveau, puis laisser mijoter pendant 30 minutes.

4 Dans un mélangeur, réduire le tout en une purée lisse et homogène. Rectifier l'assaisonnement au besoin. Réserver.

5 Rincer et égoutter le quinoa. Réserver.

6 Dans une casserole, faire fondre le beurre avec le thym et la sauge, puis ajouter le quinoa afin de l'enrober de beurre. Assaisonner, puis ajouter l'eau.

7 Porter à ébullition, puis baisser le feu afin de laisser mijoter le tout pendant 15 minutes, ou jusqu'à ce que l'eau soit complètement absorbée.

8 Servir le potage avec un peu de quinoa en garniture.

INGRÉDIENTS

POUR LE POTAGE

3 c. à soupe de beurre

6 feuilles de sauge fraîche

3 tasses de courge musquée, pelée et coupée en cubes

2 boîtes (540 ml) de haricots blancs, rincés et égouttés

½ tasse d'échalotes françaises, hachées finement

2 gousses d'ail, hachées finement

Sel et poivre, au goût

4 tasses de bouillon de poulet

1 c. à thé de miel

1 c. à thé de jus de citron

POUR LE QUINOA

1 tasse de quinoa blanc

2 c. à soupe de beurre

½ c. à thé de thym frais, haché finement

½ c. à thé de sauge fraîche, hachée finement

Sel et poivre, au goût

2 tasses d'eau

SOUPE AUX TOMATES, CHAIR DE SAUCISSES & ÉPINARDS

QUANTITÉ *4–6 portions*   *30 min*   *15 min*
CATÉGORIES *économique · sans lactose*

ÉTAPES

1 Dans une casserole, faire chauffer un filet d'huile végétale, puis dorer l'oignon, l'ail et le sucre pendant 5 minutes, ou jusqu'à l'obtention d'une belle coloration.

2 Ajouter les cubes de pomme de terre, les tomates et le bouillon de poulet. Bien assaisonner, puis porter à ébullition.

3 Baisser le feu et laisser mijoter pendant 15 minutes, ou jusqu'à ce que la pomme de terre soit cuite. Assaisonner.

4 À l'aide d'un pied-mélangeur, réduire le tout en une purée lisse et homogène. Rectifier l'assaisonnement et réserver.

5 Dans une poêle, faire chauffer un filet d'huile d'olive, puis saisir la chair des saucisses pendant 5 minutes, ou jusqu'à l'obtention d'une belle coloration.

6 Ajouter la chair des saucisses ainsi que les épinards aux tomates, réchauffer le tout jusqu'à ce que les épinards soient complètement tombés, puis servir.

INGRÉDIENTS

Un filet d'huile végétale, pour la cuisson

1 oignon, haché finement

2 gousses d'ail, émincées

1 c. à soupe de sucre

1 pomme de terre à chair jaune, pelée et coupée en cubes

1 boîte (796 ml) de tomates italiennes entières

3 tasses de bouillon de poulet

Sel et poivre, au goût

Un filet d'huile d'olive, pour la cuisson

La chair de 2 saucisses italiennes

2 tasses de jeunes épinards, émincés finement

SOUPES & POTAGES

TRUCS & ASTUCES

Je conseille fortement d'utiliser des boîtes de tomates San Marzano. Elles sont un peu plus dispendieuses, mais elles font TOUTE la différence. Vous les trouverez dans la même section que les autres boîtes de tomates.

Ce n'est pas un secret, je suis extrêmement émotive dans la vie. Je suis attentive aux moindres petites attentions et je suis particulièrement sensible lorsqu'une personne m'offre un peu d'elle-même en cadeau. C'est d'ailleurs pour ça que j'aime tant cuisiner ; c'est un art accessible à tous qui permet d'offrir un peu de notre personnalité, de notre créativité et de notre temps. Rien de ce qui s'achète en magasin ne vaut plus que ça, à mon avis.

Je vous propose une idée de recette à offrir en cadeau, et vous invite donc à prendre le temps de choisir un joli petit pot, d'assembler la liste des ingrédients qui le rempliront, puis de rédiger un petit mot ainsi que la recette sur une étiquette. Je suis convaincue que vous sèmerez du bonheur réconfortant.

SOUPE DE LENTILLES, ORGE & ÉPICES

QUANTITÉ *6 portions* 🥄 *10 min* ⏱ *45 min*
CATÉGORIES *à offrir · économique · sans lactose*

À ÉCRIRE SUR LE POT

INGRÉDIENTS

1 boîte (796 ml) de tomates en dés
3 boîtes (796 ml) d'eau

ÉTAPES

1   Verser le contenu du pot dans une casserole. Ajouter la boîte de tomates en dés et 3 fois son volume d'eau.

2   Porter à ébullition, puis laisser mijoter pendant 45 minutes.

À METTRE EN POT

INGRÉDIENTS

½ tasse de lentilles vertes

½ tasse d'orge perlé

½ tasse de lentilles rouges

2 c. à soupe de bouillon de bœuf en poudre

1 c. à soupe de persil séché

1 c. à thé d'origan séché

1 c. à thé de curcuma

1 c. à thé de cumin moulu

½ c. à thé de poivre moulu

1 c. à thé de sel

½ c. à thé de sucre

1 c. à thé de poudre d'oignon

½ c. à thé de piments forts broyés

½ tasse de champignons sauvages séchés, grossièrement hachés

Puisque cette recette est crue et ne subit aucune transformation, son succès repose sur la fraîcheur des ingrédients. Avec des tomates et des fraises bien fraîches, le résultat ne peut qu'être extraordinaire.

J'aime bien préparer le gaspacho la veille afin de laisser les saveurs se marier pendant la nuit.

GASPACHO DE TOMATES, FRAISES, BASILIC & BOUCHÉES DE FROMAGE

QUANTITÉ *8–10 portions* 🥄 *15 min* 🕐 *2 h*

CATÉGORIES *économique · repas cru · sans gluten · végé*

ÉTAPES

1   Déposer tous les ingrédients « pour le gaspacho » dans un mélangeur, puis réduire le tout en une purée lisse et homogène. Assaisonner généreusement et laisser reposer au réfrigérateur pendant au moins 2 heures.

2   Façonner 14 petites boules de fromage Boursin, puis les rouler dans les graines de sésame.

3   Servir le gaspacho avec les bouchées de fromage.

INGRÉDIENTS

POUR LE GASPACHO

1 petit oignon rouge, pelé et coupé en quatre

1 gousse d'ail

4 tomates, sans le cœur et coupées en quatre

1 ½ tasse de fraises, équeutées

½ concombre, pelé et coupé en rondelles

½ tasse d'eau froide

10 feuilles de basilic

1 c. à soupe de vinaigre de xérès

¼ de tasse d'huile d'olive

Sel et poivre, au goût

POUR LES BOUCHÉES DE FROMAGE

150 g de fromage Boursin ail & fines herbes

¼ de tasse de graines de sésame

TRUCS & ASTUCES

Notez que cette recette est crue uniquement lorsque servie sans la garniture de fromage.

CHAUDRÉE DE POULET, MAÏS & CHORIZO

122

QUANTITÉ *4–6 portions*   *20 min*   *20 min*
CATÉGORIE *gourmand*

INGRÉDIENTS

RECETTE
MÂLE

3 c. à soupe de beurre

1 oignon jaune, émincé

2 poitrines de poulet sans la peau et désossées,
coupées en petits dés

½ tasse de chorizo, coupé en dés

1 tasse de pommes de terre, pelées et coupées en dés

2 gousses d'ail, hachées finement

1 c. à thé de cumin moulu

4 tasses de bouillon de poulet

½ tasse de crème 15 % ou 35 %

1 boîte (284 ml) de maïs en crème

1 tasse de grains de maïs, frais ou surgelés

1 tasse de jeunes épinards (ou de kale), hachés finement

ÉTAPES

1   Dans une grande casserole, faire fondre le beurre, puis attendrir
l'oignon pendant 5 minutes. Assaisonner.

2   Ajouter le poulet, le chorizo, les pommes de terre, l'ail
et le cumin. Assaisonner et bien mélanger.

3   Ajouter le reste des ingrédients, à l'exception des épinards,
puis porter à ébullition.

4   Baisser le feu et laisser mijoter pendant 15 minutes.

5   Ajouter les épinards et poursuivre la cuisson pendant 2 minutes,
ou jusqu'à ce qu'ils soient bien tombés.

6   Rectifier l'assaisonnement au besoin et servir.

Même si je n'en bois pas moi-même, je dois admettre que j'apprécie grandement la présence de la bière Guinness dans cette recette réconfortante. L'autre secret de son merveilleux goût réside dans la caramélisation des oignons qui demande un peu de temps, mais fait toute la différence.

Si vous ne possédez pas de bols individuels allant au four, vous pouvez disposer les pains sur une plaque à cuisson, les couvrir de fromage, puis les passer sous le gril pendant quelques minutes. Ils seront alors prêts à être déposés sur la soupe chaude.

SOUPE À L'OIGNON GRATINÉE

QUANTITÉ *8 portions* 🥄 *40 min* 🕐 *30 min*
CATÉGORIES *gourmand · pour recevoir*

INGRÉDIENTS

3 c. à soupe de beurre

6 tasses d'oignons jaunes, coupés en deux et émincés finement

1 c. à soupe de sucre

1 c. à soupe de vinaigre balsamique

2 gousses d'ail, hachées finement

1 c. à soupe de thym frais, haché

3 c. à soupe de farine tout usage

1 tasse de bière de la marque Guinness

6 tasses de bouillon de poulet

Sel et poivre, au goût

1 pain baguette, tranché

½ tasse de fromage parmesan, fraîchement râpé

2 tasses de fromage suisse, râpé

ÉTAPES

1   Dans une grande casserole, faire fondre le beurre à feu moyen-élevé.

2   Ajouter les oignons et les faire colorer pendant 20 à 30 minutes, en remuant régulièrement, jusqu'à ce qu'ils soient caramélisés. S'ils collent au fond, ajouter un peu d'eau et gratter le fond de la casserole à l'aide d'une cuillère en bois.

3   Ajouter le sucre, le vinaigre balsamique, l'ail et le thym, puis bien mélanger.

4   Ajouter la farine et mélanger de nouveau en grattant le fond de la casserole.

5   Incorporer la bière et laisser mijoter pendant 5 minutes, en remuant fréquemment.

6   Ajouter le bouillon de poulet et laisser mijoter pendant 20 minutes. Assaisonner au besoin.

7   Répartir dans des bols allant au four, puis couvrir de tranches de pain et des deux sortes de fromage.

8   Passer sous le gril pendant 5 à 10 minutes, ou jusqu'à ce que le fromage soit grillé.

TRUCS & ASTUCES

Vous pouvez cuisiner la soupe à l'avance. Au moment de servir, il vous suffira de l'enfourner à 350 °F pendant 30 minutes pour la réchauffer avant de la passer sous le gril pendant 5 à 10 minutes afin de permettre au fromage de griller.

VELOUTÉ DE PETITS POIS À LA MENTHE & PROSCIUTTO CROUSTILLANT

Déguster un plat qui contient de la menthe m'avait toujours donné l'impression de croquer dans du dentifrice, jusqu'au jour où j'ai découvert cette recette. J'y incorpore des tranches de prosciutto afin d'ajouter un peu de croquant à la texture très onctueuse de ce velouté qui se savoure aussi bien chaud que froid.

QUANTITÉ *6 portions*   🥄 *15 min*   🕐 *20 min*
CATÉGORIES *pour recevoir · sans gluten*

INGRÉDIENTS

3 c. à soupe de beurre

1 oignon de taille moyenne, émincé

Sel et poivre, au goût

500 g de petits pois verts surgelés

4 tasses de bouillon de poulet

*8 feuilles de menthe fraîche,
grossièrement hachées*

Le jus de ½ lime

1 c. à thé de miel

¼ de tasse de crème 15 % ou 35 %

8 tranches (125 g) de prosciutto

ÉTAPES

1   Dans une grande casserole, faire fondre le beurre et attendrir l'oignon pendant 5 minutes, ou jusqu'à ce qu'il soit translucide. Assaisonner.

2   Ajouter les petits pois, le bouillon de poulet, la menthe, le jus de lime et le miel. Assaisonner et porter à ébullition.

3   Baisser le feu, puis laisser mijoter pendant 20 minutes.

4   Incorporer la crème, verser le tout dans un robot-mélangeur, puis réduire en une purée lisse et homogène. Rectifier l'assaisonnement au besoin. Réserver.

5   Répartir les tranches de prosciutto sur une plaque à cuisson, puis enfourner sous le gril pendant quelques minutes, ou jusqu'à ce qu'elles soient croustillantes.

6   Servir le potage avec les tranches de prosciutto.

CHAPITRE

№ 5

Poissons & fruits de mer

TARTES FINES DE SAUMON, FENOUIL CARAMÉLISÉ & CHÈVRE

QUANTITÉ *8 portions* 🥄 *1 h*
CATÉGORIE *pour recevoir*

Voici un plat que j'adore servir lorsque je reçois plusieurs personnes
à la maison. Tout se cuisine à l'avance et s'assemble rapidement
au moment du repas. J'ai d'ailleurs écrit la recette et les étapes
de façon à donner un plan clair aux gens qui reçoivent.

Pour ceux qui ont peur d'oser le fenouil, je vous mets au défi
d'essayer la recette telle quelle. Je ne suis pas une amatrice du goût
de l'anis, mais je raffole pourtant du fenouil, surtout lorsqu'il est
caramélisé. Cela dit, il est toujours possible de le remplacer
par un oignon jaune.

SUITE À LA PAGE 133

TARTES FINES DE SAUMON, FENOUIL CARAMÉLISÉ & CHÈVRE

ÉTAPES

SUITE DE LA PAGE 130

PRÉPARATION
(JUSQU'À UNE JOURNÉE D'AVANCE)

1   Préchauffer le four à 400 °F. Tapisser une plaque à pâtisserie de papier parchemin. Réserver.

2   Sur un plan de travail fariné, abaisser la pâte feuilletée, puis couper 8 rectangles. Disposer les rectangles de pâte sur la plaque et enfourner pendant 15 minutes. Laisser refroidir, puis réserver dans un contenant hermétique.

3   Faire chauffer le beurre dans une casserole, puis dorer le fenouil pendant 10 à 15 minutes, à feu moyen-élevé. Bien assaisonner.

4   Ajouter le vinaigre balsamique et le sirop d'érable, puis laisser compoter pendant environ 15 minutes à feu doux. Réserver au frais.

5   Assaisonner les filets de saumon de sel et de poivre.

6   Faire fondre le beurre dans une poêle antiadhésive, puis déposer les filets de saumon, le côté avec la peau vers le bas. Cuire pendant 4 minutes, ou jusqu'à ce que les filets soient à moitié cuits. Réserver au réfrigérateur.

15 MINUTES AVANT DE SERVIR

7   Préchauffer le four à 350 °F.

8   Déposer les rectangles de pâte sur une grande plaque à cuisson, puis les badigeonner de moutarde de Dijon pour ensuite les recouvrir du mélange de fenouil, de fromage de chèvre et d'un filet de saumon.

9   Enfourner le tout pendant 12 minutes, ou jusqu'à l'obtention de la cuisson désirée.

10 Pendant ce temps, mélanger les tomates cerises, les câpres et les herbes fraîches. Assaisonner et servir en accompagnement des tartes fines.

INGRÉDIENTS

133

1 abaisse de pâte feuilletée

2 c. à soupe de beurre

1 bulbe de fenouil, émincé finement

Sel et poivre, au goût

1 c. à soupe de vinaigre balsamique

1 c. à soupe de sirop d'érable

8 filets de saumon

2 c. à soupe de beurre, pour la cuisson du saumon

4 c. à thé de moutarde de Dijon

½ tasse de fromage de chèvre doux

2 tasses de tomates cerises, coupées en quatre

1 c. à soupe de câpres

¼ de tasse d'herbes fraîches, au choix (coriandre, persil, ciboulette, etc.)

POISSONS & FRUITS DE MER

134

POISSONS & FRUITS DE MER

QUANTITÉ *20 beignets* 🥄 *25 min* 🕐 *10 min*
CATÉGORIES *économique · pour recevoir · sans lactose*

BEIGNETS DE TURBOT
& MAYONNAISE ÉPICÉE

Lorsque j'entame la production de beignets de turbot, j'en profite généralement pour doubler la recette afin d'en congeler quelques-uns. De cette façon, quand j'ai une rage de friture, je n'ai qu'à sortir trois ou quatre beignets (lire : dix), à les déposer sur une plaque à cuisson, puis à les enfourner pendant 15 minutes à 350 °F.

INGRÉDIENTS

1 c. à soupe d'huile d'olive

2 tasses de poireau, émincé finement

225 g de turbot, sans la peau et coupé en cubes

2 gousses d'ail, hachées finement

2 jaunes d'œufs

Le zeste et le jus d'une lime

2 c. à soupe d'eau

2 c. à thé de poudre à pâte

½ c. à thé de sel

¾ de tasse de farine tout usage

Poivre, au goût

Huile végétale, pour la friture

Mayonnaise épicée de votre choix (voir page 137)

ÉTAPES

1   Dans une poêle, faire chauffer l'huile d'olive et attendrir le poireau pendant 8 à 10 minutes. Ajouter le turbot et l'ail, puis poursuivre la cuisson pendant 5 minutes, ou jusqu'à ce que le poisson soit cuit.

2   Transférer dans un grand bol et incorporer le reste des ingrédients en remuant le moins possible. Réserver.

3   Tapisser une grande assiette de papier absorbant. Réserver.

4   Verser 2 centimètres d'huile végétale dans le fond d'une grande casserole, puis la faire chauffer (voir astuce).

5   À l'aide d'une cuillère, former des boules de pâte (d'environ 1 cuillère à soupe), puis les plonger dans l'huile au fur et à mesure. Frire pendant 2 minutes de chaque côté, ou jusqu'à ce qu'elles soient dorées uniformément.

6   Égoutter et déposer sur le papier absorbant.

7   Servir avec une mayonnaise épicée.

POISSONS & FRUITS DE MER

TRUCS & ASTUCES

Avant de faire cuire tous les accras, je fais une première tentative de cuisson avec un seul beignet que je plonge dans l'huile. Si l'huile frémit, c'est que la température est idéale, et si rien ne se passe, je laisse l'huile chauffer un peu plus avant de poursuivre.

LES MAYONNAISES

QUANTITÉ *¼ de tasse*   🥄 *5 min*
CATÉGORIES *économique · rapide · sans gluten · sans lactose · végé*

INGRÉDIENTS

¼ de tasse de mayonnaise

*½ c. à thé de l'épice de votre choix
(poudre de cari, safran ou paprika fumé)*

Le jus de ½ lime

ÉTAPES

1   Dans un bol, mélanger tous les ingrédients.

POISSONS & FRUITS DE MER

TRUCS & ASTUCES

Pour la mayonnaise au safran, je suggère fortement de laisser infuser le safran
dans 1 cuillère à thé d'eau tiède pendant quelques minutes. Ensuite, mélanger l'eau
et le safran avec le reste des ingrédients.

TRUITE EN CROÛTE D'AMANDES
& RIZ PILAF AU GINGEMBRE

QUANTITÉ *4 portions* 🥄 *30 min*
CATÉGORIES *pour recevoir · rapide*

ÉTAPES

1 Préchauffer le four à 400 °F. Tapisser une plaque à cuisson de papier parchemin. Réserver.

2 Faire fondre le beurre dans une casserole, puis attendrir l'oignon et le gingembre pendant environ 5 minutes. Assaisonner.

3 Ajouter le riz et poursuivre la cuisson pendant 2 minutes, en remuant régulièrement.

4 Ajouter le bouillon de poulet et porter à ébullition.

5 Baisser le feu, couvrir, puis laisser cuire pendant 15 à 20 minutes, ou jusqu'à ce que le riz ait absorbé tout le bouillon. Rectifier l'assaisonnement.

6 Disposer la truite sur la plaque, assaisonner et réserver.

7 Dans un bol, mélanger tous les ingrédients « pour la croûte », assaisonner, puis en tartiner la truite.

8 Enfourner pendant 5 à 6 minutes, puis terminer la cuisson sous le gril jusqu'à ce que la croûte soit légèrement dorée.

9 Servir avec le riz.

INGRÉDIENTS

2 c. à soupe de beurre

½ tasse d'oignon jaune, haché finement

2 c. à soupe de gingembre frais, haché finement

Sel et poivre, au goût

1 tasse de riz blanc à grains longs

2 tasses de bouillon de poulet

600 g de truite

POUR LA CROÛTE

Le zeste et le jus d'une lime

1 à 2 c. à thé de sauce sriracha, au goût

¼ de tasse de coriandre fraîche, hachée finement

⅓ de tasse de chapelure panko

⅓ de tasse de poudre d'amandes

⅓ de tasse de mayonnaise

Sel et poivre, au goût

TRUCS & ASTUCES

Je cuisine régulièrement cette recette avec du saumon.

PAELLA AU CHORIZO,
AU CRABE & AUX CREVETTES

QUANTITÉ *4 portions*　*30 min*
CATÉGORIES *pour recevoir · rapide · sans lactose*

En 2013, Alex et moi sommes allés en France et en Espagne pendant quelques semaines pour fêter mon vingt-troisième anniversaire. Ce fut un voyage merveilleux durant lequel nous nous sommes imprégnés d'autres cultures en nous promenant dans les petits villages typiques et, par le fait même, en mangeant dans les restaurants locaux.

Ce voyage restera à jamais gravé dans ma mémoire puisque pour la première fois de ma vie, je suis revenue la tête remplie d'inspiration et le corps enrobé de quelques kilos en plus. Des kilos que je m'étais enfin permis de prendre, à coups de bonheur et de liberté. Du poids que j'assumais totalement et qui évoquait pour moi autre chose que la fin du monde. J'arrivais enfin à me regarder dans le miroir sans m'en vouloir de prendre un peu plus de place et en voyant chaque livre supplémentaire comme une chance d'avoir un peu plus d'espace pour être moi-même. Bref, ce voyage représente un moment déterminant dans ma vie puisque c'est à partir de cet instant que j'ai réellement senti que j'avais remporté la bataille contre les troubles alimentaires qui ont trop longtemps empoisonné mon existence.

SUITE À LA PAGE 143

PAELLA AU CHORIZO, AU CRABE & AUX CREVETTES

SUITE DE LA PAGE 140

INGRÉDIENTS

2 c. à soupe d'huile végétale

½ tasse de chorizo, coupé en cubes

1 oignon espagnol, haché finement

2 gousses d'ail, hachées finement

½ c. à thé de safran

½ tasse de riz arborio, calrose ou bomba

2 tasses de jus Clamato

¼ de tasse d'eau

*227 g de crevettes crues
    de taille moyenne, décortiquées*

227 g de chair de crabe ou de homard

½ tasse de petits pois surgelés

Le jus d'un citron

¼ de tasse de persil frais, haché

*227 g de moules bien fraîches
    ou de chair de poisson blanc*

Sel et poivre, au goût

1 citron, coupé en quatre, pour servir

ÉTAPES

1   Dans une grande poêle, faire chauffer l'huile, puis faire revenir le chorizo et l'oignon espagnol pendant environ 5 minutes.

2   Ajouter l'ail, le safran et le riz, puis bien mélanger le tout.

3   Ajouter la moitié du jus Clamato et porter à ébullition. Laisser mijoter jusqu'à ce que le liquide soit complètement absorbé.

4   Ajouter le reste du jus Clamato, l'eau, les crevettes, la chair de crabe, les petits pois, le jus de citron et le persil, bien mélanger, puis poursuivre la cuisson pendant 5 minutes.

5   Planter les moules dans le riz, l'ouverture vers le haut, puis poursuivre la cuisson pendant 5 minutes supplémentaires, ou jusqu'à ce que les moules soient ouvertes et que le liquide soit presque entièrement absorbé.

6   Assaisonner, puis servir avec les quartiers de citron.

POISSONS & FRUITS DE MER

TRUCS & ASTUCES

Pour m'assurer que les moules soient bien cuites, je couvre ma poêle
d'un papier d'aluminium pour les 5 dernières minutes de cuisson.

CREVETTES À LA CÉSAR

QUANTITÉ *4 portions*   ✎   *20 min*
CATÉGORIES *rapide · sans lactose*

INGRÉDIENTS

144

*Une demi-baguette de pain ciabatta,
ou plus, au goût*

1 gousse d'ail, écrasée

2 c. à soupe d'huile végétale

24 grosses crevettes crues, décortiquées

Sel et poivre, au goût

Le jus de ½ citron

16 feuilles de laitue romaine

Fromage parmesan frais, pour servir

POUR LA SAUCE CÉSAR

1 jaune d'œuf

1 c. à soupe de jus de citron

1 c. à soupe de moutarde de Dijon

½ tasse d'huile végétale

1 gousse d'ail, hachée finement

2 filets d'anchois, hachés

1 c. à soupe de câpres, hachées

½ tasse de fromage parmesan frais, râpé

Sel et poivre, au goût

ÉTAPES

1 Dans un bol, fouetter ensemble le jaune d'œuf, le jus de citron et la moutarde de Dijon.

2 Tout en continuant de fouetter, verser graduellement l'huile en filet.

3 Ajouter le reste des ingrédients «pour la sauce César», bien mélanger, assaisonner, puis réserver.

4 Trancher le pain ciabatta sur l'épaisseur, puis le frotter avec l'ail. Couper des cubes de deux centimètres pour en faire des croûtons. Réserver.

5 Dans une grande poêle, faire chauffer l'huile végétale, puis faire revenir les croûtons jusqu'à ce qu'ils soient bien dorés. Transférer dans une assiette et réserver.

6 Dans cette même poêle, saisir les crevettes pendant environ 3 à 5 minutes, ou jusqu'à ce qu'elles soient cuites. Assaisonner, puis arroser de jus de citron.

7 Servir les crevettes et les croûtons dans quelques feuilles de laitue romaine, puis arroser de sauce César et de parmesan frais.

TRUCS & ASTUCES

Si vous avez un robot-mélangeur, je vous suggère de l'utiliser pour préparer votre sauce César.
Versez d'abord le jaune d'œuf, le jus de citron et la moutarde dans celui-ci, puis mettez-le en marche
pendant quelques secondes. Tout en gardant l'appareil en fonction, versez l'huile en filet par l'ouverture
dans le couvercle. Vous obtiendrez alors une magnifique sauce César à la texture parfaite.

CÉVICHE DE FLÉTAN
AU LAIT DE COCO & CLÉMENTINE

QUANTITÉ *6–8 portions*   *15 min*   *2 h 30*
CATÉGORIES *économique · pour recevoir · repas cru · sans gluten · sans lactose*

INGRÉDIENTS

*300 g de flétan, sans la peau
    et coupé en cubes d'un centimètre*

½ tasse d'oignon rouge, émincé très finement

1 piment jalapeno, épépiné et haché finement

½ tasse de jus de lime (environ 4 limes)

1 c. à soupe de miel

*¼ de tasse de coriandre fraîche,
    hachée grossièrement*

½ tasse de grains de maïs, frais ou surgelés

1 clémentine, pelée à vif et coupée en cubes

¼ de tasse de lait de coco

1 avocat, coupé en dés

Sel et poivre, au goût

Croustilles de maïs, pour servir

ÉTAPES

1   Dans un bol, mélanger le flétan, l'oignon, le piment jalapeno et le jus de lime. Couvrir, puis réserver au réfrigérateur pendant 2 heures.

2   À l'aide d'une passoire, égoutter l'excédent de jus de lime, puis transférer le tout dans un bol.

3   Ajouter le reste des ingrédients, bien mélanger, assaisonner, puis laisser reposer pendant 30 minutes au réfrigérateur avant de servir avec les croustilles de maïs.

GRATIN DE SAUMON, POIREAU & PURÉE DE PANAIS

INGRÉDIENTS

1 c. à soupe de beurre

1 poireau, émincé

227 g de champignons de Paris, coupés en tranches

Sel et poivre, au goût

1 lb de saumon, coupé en cubes d'environ deux centimètres

½ tasse de crème à cuisson

2 c. à soupe d'aneth frais, haché

Le zeste et le jus de ½ citron

¼ de tasse de chapelure panko

POUR LA PURÉE

1 tasse de panais, pelés et coupés en tronçons

3 tasses de pommes de terre à chair jaune, pelées et coupées en cubes

¼ de tasse de lait

1 c. à soupe de miel

Une pincée de noix de muscade râpée

2 c. à soupe de beurre

Sel et poivre, au goût

QUANTITÉ *4 portions* ⚬ *35 min* ⏱ *30 min*

CATÉGORIES *économique · pour recevoir*

ÉTAPES

1 Préchauffer le four à 400 °F.

2 Déposer les panais et les pommes de terre dans une casserole, recouvrir d'eau, porter à ébullition, puis cuire pendant 15 à 20 minutes, ou jusqu'à ce que le tout soit tendre.

3 Égoutter et remettre dans la casserole.

4 Ajouter le reste des ingrédients « pour la purée ». À l'aide d'un pilon, réduire le tout en une purée lisse et homogène. Assaisonner et réserver.

5 Dans une grande poêle, faire fondre le beurre, puis cuire le poireau et les champignons jusqu'à l'obtention d'une belle coloration. Assaisonner et réserver.

6 Dans une grande casserole, déposer le saumon, la crème, l'aneth ainsi que le zeste et le jus de citron. Assaisonner, couvrir, puis laisser cuire à feu doux pendant 15 minutes.

7 Transférer le saumon dans un plat à gratin de 8 po × 12 po et le couvrir avec le poireau et les champignons, puis avec la purée.

8 Saupoudrer la chapelure panko sur toute la surface et enfourner pendant 15 minutes. Terminer la cuisson sous le gril afin de dorer le tout, puis servir.

POISSONS & FRUITS DE MER

TRUCS & ASTUCES

Si vous n'aimez pas le goût du panais, vous pouvez le remplacer par la même quantité de pommes de terre.

QUANTITÉ *4 portions*   *15 min*

CATÉGORIES *pour recevoir · rapide · sans gluten (sans les croûtons) · sans lactose*

TARTARE DE THON &
CONCOMBRE ANGLAIS

INGRÉDIENTS

600 g de thon très frais

1 c. à soupe de tamari

2 c. à soupe de mayonnaise

Le jus de ½ lime

½ c. à thé d'huile de sésame grillé

*2 c. à soupe de ciboulette,
hachée finement*

*¼ de tasse de concombre anglais,
coupé en petits dés*

Croûtons, pour servir

ÉTAPES

1   Pour s'assurer de garder le thon très frais pendant la préparation, sortir deux bols : un grand et un petit. Mettre quelques glaçons dans le grand bol. Asseoir le petit bol sur les glaçons, de manière à ce qu'il reste bien froid. Cette étape permet de cuisiner le tartare sans se presser, en sachant que le poisson restera très frais.

2   À l'aide d'un couteau, couper des cubes de thon, puis les déposer au fur et à mesure dans le petit bol froid.

3   Ajouter le reste des ingrédients, bien mélanger, puis servir immédiatement avec les croûtons.

FISH AND CHIPS

INGRÉDIENTS

1 tasse de bière rousse bien froide

2 c. à soupe de sirop d'érable

¾ de tasse de farine tout usage

1 c. à thé de poudre à pâte

½ c. à thé de sel

1 lb de filets d'aiglefin ou de morue (voir astuce)

½ tasse de farine tout usage, dans une assiette

Mayonnaise de votre choix (voir page 137)

ÉTAPES

1   Dans un grand bol, verser la bière froide et le sirop d'érable.
Ajouter ¾ de tasse de farine tout en fouettant. Incorporer
la poudre à pâte et le sel, puis réserver.

2   Faire chauffer une friteuse à 350 °F ou verser 5 centimètres d'huile végétale
au fond d'une grande casserole antiadhésive, puis la faire chauffer jusqu'à
ce qu'elle frémisse au contact de la pâte à frire.

3   Passer les filets de poisson dans la farine, puis les tremper
dans la pâte à frire.

4   Déposer doucement les filets dans l'huile et frire jusqu'à l'obtention
d'une belle coloration dorée. Retirer avec une cuillère trouée et
égoutter sur du papier absorbant. Servir les *fish and chips* avec
la mayonnaise de votre choix.

TRUCS & ASTUCES

Pour une version végétarienne et aussi délicieuse, vous pouvez remplacer le poisson par la même quantité
de tofu ferme, en prenant soin de le couper en tranches d'un centimètre d'épaisseur, de le faire mariner
dans de la sauce soya pendant 20 minutes et de l'égoutter avant de suivre les étapes.

152

faites aux travailleurs
qui l'empêcherait de
d'autres promesses
Une société se bâtit
les citoyens.
se signent au Québec chaque jour.
Vous avez respecté votre partie du
durant leur carrière en échange d
promesse que les municipalités allaient
leur payer une rente de retraite qui leur
garantirait une sécurité financière pour

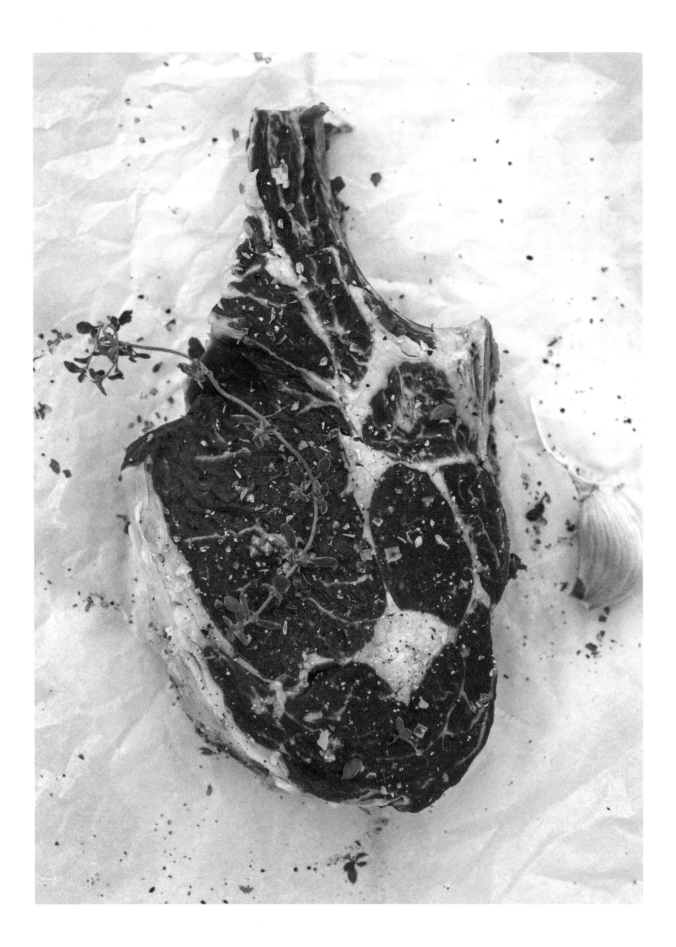

CHAPITRE

No 6

Viandes

JARRETS D'AGNEAU BRAISÉS, TOMATES & ORGE AU MIEL

L'agneau est la viande que je cuisine le plus souvent lors de nos rassemblements familiaux, car mon frère en raffole. Toujours dans le but de lui faire plaisir, mais sans prendre trop de mon temps, je voulais présenter une recette tout-en-un qui se prépare en quelques minutes sans pour autant sembler simplette.

Je procède donc généralement aux 3 premières heures de cuisson pendant l'après-midi, puis j'entame la huitième étape 45 minutes avant le moment de servir. C'est magique !

QUANTITÉ *4 portions*   🥄 *20 min*   🕐 *3 h 45*

CATÉGORIE *pour recevoir*

INGRÉDIENTS

4 jarrets d'agneau

Sel et poivre, au goût

2 c. à soupe de beurre

1 oignon, haché finement

3 gousses d'ail, hachées finement

1 c. à thé de cumin moulu

1 c. à soupe de gingembre

1 tasse de vin blanc

1 boîte (796 ml) de tomates en dés

Les feuilles de 4 branches de thym

2 c. à soupe de jus de citron

1 tasse de pruneaux, dénoyautés

3 c. à soupe de miel

2 tasses d'eau

1 tasse d'orge, rincée et égouttée

Une poignée de persil frais, haché

ÉTAPES

1   Préchauffer le four à 300 °F.

2   Assaisonner les jarrets d'agneau de sel et de poivre.

3   Dans une grande cocotte, faire chauffer le beurre et saisir les jarrets jusqu'à l'obtention d'une belle coloration. Réserver dans une grande assiette.

4   Dans la cocotte, ajouter l'oignon, l'ail, le cumin et le gingembre, puis faire revenir le tout pendant environ 5 minutes. Assaisonner.

5   Ajouter le vin blanc et laisser mijoter jusqu'à ce que la moitié du liquide soit évaporée.

6   Ajouter la boîte de tomates en dés, les feuilles de thym, le jus de citron, les pruneaux, le miel et l'eau.

7   Plonger les jarrets d'agneau dans la cocotte, puis enfourner pendant 3 heures.

8   Ajouter l'orge et le persil, s'assurer que l'orge baigne bien dans le liquide, puis enfourner pendant 45 minutes supplémentaires.

9   Servir l'agneau avec une grosse cuillérée d'orge, de pruneaux et de tomates.

POULET AU CITRON & AUX OLIVES
AVEC COUSCOUS AU FÉTA

INGRÉDIENTS

POUR LE POULET
AU CITRON & AUX OLIVES

Huile d'olive, pour la cuisson

6 hauts de cuisse de poulet,
désossés et sans la peau

Sel et poivre, au goût

1 oignon jaune, haché finement

2 gousses d'ail, hachées

½ tasse d'olives vertes,
dénoyautées et rincées

½ tasse d'olives Kalamata,
dénoyautées et rincées

Le zeste et le jus d'un citron

½ tasse de bouillon de poulet

½ tasse de crème 15 % à l'ancienne

¼ de tasse de persil frais, haché finement

POUR LE COUSCOUS AU FÉTA

1 c. à soupe de moutarde de Dijon

¼ de tasse d'huile végétale

1 c. à thé de sucre

1 c. à thé d'origan séché

½ tasse de persil frais, haché

½ tasse de féta, émietté

1 tasse d'eau

1 tasse de couscous fin

Sel et poivre, au goût

ÉTAPES

1 Dans une grande poêle, faire chauffer un filet d'huile d'olive, puis faire dorer le poulet de chaque côté. Assaisonner.

2 Ajouter l'oignon et l'ail, puis poursuivre la cuisson pendant 3 minutes.

3 Ajouter les olives, le zeste et le jus de citron, le bouillon de poulet et la crème, puis laisser mijoter pendant 15 minutes. Ajouter le persil, puis rectifier l'assaisonnement au besoin.

4 Dans un grand bol, mélanger la moutarde de Dijon, l'huile végétale, le sucre, l'origan, le persil et le féta. Réserver.

5 Dans une petite casserole, porter l'eau à ébullition. Retirer du feu, ajouter le couscous, puis laisser reposer pendant 8 minutes, sans jamais remuer, ou jusqu'à ce que l'eau soit complètement absorbée.

6 Transférer le couscous dans le grand bol, bien mélanger avec la préparation de féta, puis rectifier l'assaisonnement.

7 Servir le poulet avec le couscous.

QUANTITÉ *4 portions* *30 min*
CATÉGORIES *économique · pour recevoir · rapide*

J'ai créé cette recette à l'occasion d'un souper entre amis qui se voulait chic, mais informel. Je trouvais ça mignon de sophistiquer ce mets que me cuisinait souvent ma grand-mère, en utilisant du canard confit. Au centre de la table, j'ai servi un plat d'asperges au parmesan qui fut grandement apprécié par mes invités. Il vous suffit de disposer des asperges au fond d'une plaque à cuisson, de les asperger (jeu de mots) de jus de citron, de les saler, de les poivrer, puis de les recouvrir de parmesan fraîchement râpé et de chapelure de pain. Après quelques minutes au four, c'est prêt à servir et délicieux.

VOL-AU-VENT
AU CANARD CONFIT

161

INGRÉDIENTS

2 c. à soupe de beurre

2 échalotes françaises, hachées

Sel et poivre, au goût

¼ de tasse de farine tout usage

2 tasses de bouillon de poulet

2 c. à soupe de moutarde de Dijon

2 c. à soupe de miel

2 c. à thé de sauce Worcestershire

½ tasse de crème 35 %

La chair de 4 cuisses de canard confites, du commerce

3 tasses de jeunes épinards

¾ de tasse de petits pois verts surgelés

4 vol-au-vent ou timbales, du commerce

ÉTAPES

1 Dans une poêle, faire fondre le beurre et attendrir les échalotes pendant 2 à 3 minutes. Assaisonner.

2 Ajouter la farine, puis remuer continuellement pendant 1 minute à l'aide d'une cuillère en bois.

3 Incorporer le bouillon de poulet graduellement, tout en continuant de brasser, afin d'obtenir une texture lisse et homogène.

4 Ajouter la moutarde de Dijon, le miel, la sauce Worcestershire et la crème, puis laisser mijoter pendant 5 minutes.

5 Ajouter le canard, les épinards et les petits pois. Assaisonner et laisser mijoter pendant 10 minutes en remuant de temps en temps. Les épinards tomberont et la chair de canard s'effilochera naturellement.

6 Faire chauffer les vol-au-vent au four ou au four à micro-ondes, puis les garnir de viande.

VIANDES

TRUCS & ASTUCES

La recette peut être réalisée avec du poulet, pour une version plus traditionnelle.

POULET À L'ORANGE
FAÇON GÉNÉRAL TAO

QUANTITÉ *4–6 portions*   *35 min*
CATÉGORIES *économique · gourmand · sans lactose*

INGRÉDIENTS

1 tasse de riz blanc

*2 tasses d'huile végétale,
    pour la cuisson*

¼ de tasse de farine tout usage

½ tasse de fécule de maïs

*4 poitrines de poulet, désossées
    et coupées en dés*

2 œufs, légèrement battus

Une grosse pincée de sel

¼ de tasse d'oignons verts, hachés

Graines de sésame, pour servir

POUR LA SAUCE

1 tasse de bouillon de poulet

Le jus d'une orange

Le zeste de ½ orange

½ tasse de sucre

3 gousses d'ail, hachées

¼ de tasse de vinaigre de riz

2 c. à soupe de sauce soya

1 c. à soupe de sauce chili (sriracha)

*2 c. à soupe de fécule de maïs,
    dissoute dans 3 c. à soupe d'eau*

ÉTAPES

1   Cuire le riz comme indiqué sur l'emballage. Réserver.

2   Dans un bol, mélanger tous les ingrédients « pour la sauce », puis verser dans une grande poêle. Porter à ébullition.

3   Baisser le feu au minimum et laisser mijoter pendant 5 minutes. Passer le tout au tamis afin d'obtenir une sauce bien lisse, puis verser de nouveau dans la poêle. Réserver sur le rond, à feu doux, afin qu'elle reste chaude.

4   Dans une grande casserole, faire chauffer l'huile jusqu'à ce qu'elle soit très chaude.

5   Pendant ce temps, mélanger la farine et la fécule de maïs dans un bol. Ajouter le poulet afin de bien l'enrober du mélange. Ajouter les œufs et le sel, puis bien mélanger.

6   Cuire le poulet dans l'huile pendant 3 minutes de chaque côté.

7   Retirer le poulet de l'huile, bien l'égoutter et le plonger dans la poêle où se trouve la sauce afin de bien l'enrober. Servir sur un lit de riz, puis décorer d'oignons verts et de graines de sésame.

RECETTE
MÂLE

TRUCS & ASTUCES

Lors de la cuisson, il est important que l'huile frémisse au contact de la viande.
Si ce n'est pas le cas, c'est que l'huile n'est pas encore assez chaude.

TARTARE DE BŒUF CLASSIQUE & CROÛTONS DE FRITES AU GRAS DE CANARD

Voici un autre classique qui, à mon avis, gagne à être cuisiné de manière conservatrice. Nombreuses sont les fois où j'ai tenté de réinventer le tartare de bœuf pour finalement être déçue. Alors, je me suis finalement rendue à l'évidence : il ne faut jamais changer une formule qui marche.

Là où je me suis amusée, c'est dans l'accompagnement. Je trouvais génial de remplacer les traditionnels croûtons par des tranches de pommes de terre frites dans le gras de canard.

INGRÉDIENTS

POUR LE TARTARE

400 g de surlonge de bœuf

4 c. à thé de moutarde de Dijon

2 c. à soupe de mayonnaise

2 c. à thé de ketchup

½ c. à thé de sauce Worcestershire

1 c. à soupe de câpres, hachées

2 c. à soupe de cornichons français, hachés finement

2 c. à soupe de ciboulette, émincée finement

Tabasco, au goût

Sel et poivre, au goût

POUR LES CROÛTONS

4 pommes de terre à chair jaune, coupées en tranches d'un demi-centimètre d'épaisseur

¼ de tasse de gras de canard, fondu au four à micro-ondes

2 c. à thé de sel

ÉTAPES

1 Préchauffer le four à 400 °F. Tapisser une plaque à pâtisserie de papier parchemin. Réserver.

2 Dans un grand bol, mélanger les tranches de pommes de terre avec le gras de canard et le sel, puis les étaler sur la plaque à pâtisserie.

3 Enfourner pendant 40 minutes, ou jusqu'à ce que les rondelles soient bien dorées.

4 Hacher le bœuf au couteau, le plus finement possible. Réserver au réfrigérateur.

5 Dans un bol, mélanger la moutarde de Dijon, la mayonnaise, le ketchup, la sauce Worcestershire, les câpres, les cornichons, la ciboulette et le tabasco, puis bien assaisonner.

6 Ajouter le bœuf, bien mélanger et servir avec les croûtons.

RECETTE MÂLE

QUANTITÉ *4 portions* *15 min* *40 min*
CATÉGORIES *gourmand · pour recevoir · rapide · sans gluten · sans lactose*

FILETS DE PORC GLACÉS À LA MOUTARDE AU MIEL, ÉCRASÉ DE POIS CHICHES & DE CHOU-FLEUR

QUANTITÉ *4–6 portions*   *15 min*   *20 min*

CATÉGORIES *économique · pour recevoir · sans gluten · sans lactose*

INGRÉDIENTS

½ tasse de miel

¼ de tasse de moutarde de Dijon

Sel et poivre, au goût

2 filets de porc

1 c. à thé de paprika fumé

Un filet d'huile végétale, pour la cuisson

POUR L'ÉCRASÉ

3 tasses de bouquets de chou-fleur

*1 boîte (540 ml) de pois chiches,
rincés et égouttés*

2 gousses d'ail, coupées en deux

3 c. à soupe de persil frais

2 c. à soupe de ciboulette, hachée

¼ de tasse d'huile d'olive

Sel et poivre, au goût

ÉTAPES

1   Préchauffer le four à 400 °F.

2   Dans un petit bol, mélanger le miel et la moutarde de Dijon. Réserver.

3   Assaisonner les filets de porc, puis les frotter avec le paprika fumé. Réserver.

4   Dans une grande poêle, à feu vif, faire chauffer un filet d'huile, puis saisir les filets de chaque côté de manière à obtenir une belle coloration.

5   Transférer les filets dans un plat allant au four, puis les badigeonner de moutarde au miel.

6   Enfourner pendant 15 à 20 minutes, en prenant soin de les tourner à mi-cuisson. Réserver.

7   Porter une casserole d'eau à ébullition. Plonger le chou-fleur, les pois chiches et les gousses d'ail, puis laisser cuire pendant 10 minutes. Égoutter et transférer dans un robot culinaire.

8   Ajouter le reste des ingrédients « pour l'écrasé », réduire en purée, assaisonner, puis servir en accompagnement du porc.

VIANDES

POULET AU BEURRE

Faire un poulet au beurre m'a toujours semblé incroyablement compliqué,
et consulter quelques recettes traditionnelles ici et là ne m'a pas rassurée.
Je me suis donc lancé le défi de créer une recette de poulet au beurre encore
plus facile à réaliser qu'une sauce à spaghetti.

QUANTITÉ *4–6 portions* 🥄 *30 min* 🕐 *1 h 30 – 2 h*
CATÉGORIES *gourmand · pour recevoir · sans gluten*

168

VIANDES

INGRÉDIENTS

5 c. à soupe de beurre

1 oignon, haché grossièrement

¼ de tasse de yogourt grec nature

Sel et poivre, au goût

*2 lb de poitrines de poulet,
    désossées et coupées en cubes*

*Coriandre fraîche,
    pour servir (optionnel)*

POUR LES ÉPICES

2 gousses d'ail, hachées grossièrement

2 c. à thé de poudre de cari

2 c. à thé de garam masala

2 c. à thé de pâte de cari rouge

*L'intérieur d'une gousse
    de cardamome, moulue*

1 c. à soupe de gingembre frais, râpé

Une grosse pincée de sel

INGRÉDIENTS LIQUIDES

1 boîte (5,5 oz) de pâte de tomates

1 tasse de lait de coco

1 tasse de crème 35 %

1 c. à soupe de miel

ÉTAPES

1   Dans un bol, mélanger tous les ingrédients « pour les épices » et réserver. Dans un autre bol, mélanger tous les ingrédients liquides et réserver.

2   Dans une poêle, faire chauffer 1 cuillère à soupe de beurre et attendrir l'oignon pendant environ 10 minutes. Ajouter le mélange d'épices et poursuivre la cuisson pendant 2 à 3 minutes.

3   Dans un robot-mélangeur, mélanger l'oignon et le yogourt grec jusqu'à l'obtention d'une texture lisse et homogène. Assaisonner.

4   Dans une poêle, faire fondre le reste du beurre, puis ajouter le yogourt à l'oignon ainsi que les ingrédients liquides. Bien mélanger, puis porter à ébullition.

5   Baisser le feu, ajouter le poulet et laisser mijoter pendant 1 h 30 à 2 h. Rectifier l'assaisonnement au besoin, puis servir sur du riz ou avec des pains naans.

PORC EFFILOCHÉ À LA MIJOTEUSE &
PURÉE DE POMMES DE TERRE DE MAMAN

INGRÉDIENTS

POUR LE PORC

*1,5 kg d'épaule de porc désossée,
coupée en quatre morceaux*

1 oignon, émincé

POUR LA SAUCE

1 tasse de bouillon de poulet

⅓ de tasse de vinaigre de vin rouge

¼ de tasse de sauce HP

1 tasse de cassonade

⅓ de tasse de pâte de tomates

2 c. à soupe d'assaisonnement à chili

1 c. à soupe de poudre d'ail

1 c. à soupe de moutarde en poudre

1 c. à soupe de thym frais, haché

1 c. à thé de fleur de sel

Poivre, au goût

POUR LA PURÉE

*4 tasses de pommes de terre
à chair jaune, coupées en cubes*

¼ de tasse de crème 15 % ou 35 %

¼ de tasse de beurre

*1 c. à soupe d'herbes salées,
du commerce*

QUANTITÉ *6–8 portions* *20 min* *8 h*
CATÉGORIES *économique · sans gluten*

ÉTAPES

1   À l'aide d'un couteau, retirer l'excédent de gras autour de la viande. Réserver.

2   Placer tous les ingrédients «pour la sauce» dans la mijoteuse, bien remuer, puis ajouter la viande et l'oignon. Couvrir et cuire à feu doux pendant 8 heures.

3   À l'aide de deux fourchettes, effilocher la viande le plus finement possible dans la sauce. Réserver.

4   Dans une casserole, verser les pommes de terre et les recouvrir d'eau. Porter à ébullition, puis laisser cuire pendant 20 minutes, ou jusqu'à ce qu'elles soient tendres.

5   Égoutter et transférer dans un bol avec le reste des ingrédients «pour la purée». À l'aide d'un pilon, réduire le tout en une purée lisse et homogène.

6   Servir le porc effiloché avec la purée.

VIANDES

RECETTE
MÂLE

TRUCS & ASTUCES

Le lendemain, mon mari adore se faire des pâtes au porc effiloché. Il fait cuire des fusillis, les égoutte, les remet dans la casserole et les enrobe de porc effiloché. Ensuite, il ajuste la texture de la sauce en y ajoutant un peu de bouillon de poulet, puis il réchauffe le tout et se régale.

QUANTITÉ *6 portions* 🥄 *10 min*
CATÉGORIES *économique · gourmand · pour recevoir · rapide*

172

TACOS DE PORC EFFILOCHÉ

INGRÉDIENTS

¾ de tasse de crème sure

1 oignon vert, haché finement

2 tasses de porc effiloché (voir page 171)

6 tacos souples, du commerce

2 tasses de fromage gouda classique, râpé

Coriandre fraîche, au goût

ÉTAPES

1   Dans un bol, mélanger la crème sure avec l'oignon vert. Réserver.

2   Réchauffer le porc effiloché, puis le répartir au centre de chaque taco.

3   Couvrir chacun d'eux de fromage et de coriandre fraîche.

4   Servir avec la crème sure.

TRUCS & ASTUCES

Vous pourriez aussi garnir les tacos de porc effiloché et de fromage,
puis faire gratiner le tout au four avant d'ajouter la coriandre et la crème sure.

POLPETTES DE VEAU &
SAUCE TOMATE AU BASILIC

QUANTITÉ *8–10 polpettes* 🥄 *35 min* 🕐 *1 h*
CATÉGORIES *économique · pour recevoir · sans lactose*

INGRÉDIENTS

*1 boîte (796 ml) de tomates italiennes
(San Marzano, de préférence)*

Un filet d'huile d'olive

1 oignon jaune, haché très finement

Sel et poivre, au goût

2 gousses d'ail, hachées finement

3 c. à soupe de basilic frais, haché finement

Pâtes au choix, pour servir

POUR LES POLPETTES

500 g de veau haché

½ tasse d'oignon jaune, haché finement

1 œuf

1 c. à thé de moutarde en poudre

1 c. à thé de sauce Worcestershire

*¼ de tasse de basilic frais,
haché finement (+ pour servir)*

*½ tasse de fromage parmesan frais,
râpé (+ pour servir)*

Sel et poivre, au goût

ÉTAPES

1   Verser les tomates dans un grand bol, puis les écraser afin de défaire la chair. Réserver.

2   Dans une casserole, à feu doux, faire chauffer l'huile d'olive, puis attendrir l'oignon pendant quelques minutes, ou jusqu'à ce qu'il soit tendre et translucide. Assaisonner.

3   Ajouter l'ail et poursuivre la cuisson pendant 2 minutes.

4   Ajouter les tomates, porter à ébullition, puis laisser mijoter le tout pendant 30 minutes. Ajouter le basilic, rectifier l'assaisonnement au besoin et réserver.

5   Mélanger tous les ingrédients « pour les polpettes » dans un bol. Assaisonner généreusement et former 8 à 10 boulettes.

6   Déposer délicatement dans la sauce tomate et laisser mijoter à feu doux pendant 30 minutes, en les retournant à mi-cuisson.

7   Servir les polpettes sur un nid de pâtes, puis décorer de basilic et de parmesan frais.

CHAPITRE

No 7

Pâtes, riz & pizzas

GNOCCHIS À LA RICOTTA

QUANTITÉ *30–35 gnocchis*   *25 min*   *1 h*
CATÉGORIES *économique · végé*

INGRÉDIENTS

1 tasse de fromage ricotta

1 œuf

¼ de tasse de fromage parmesan frais, râpé

¾ de tasse de farine tout usage

¼ c. à thé de noix de muscade moulue

Sel et poivre, au goût

ÉTAPES

1   Dans un bol, mélanger tous les ingrédients jusqu'à l'obtention d'une belle pâte.

2   Enrober la boule de pâte dans de la pellicule plastique et la laisser reposer au réfrigérateur pendant 1 heure.

3   Enfariner une plaque à cuisson. Réserver.

4   Sortir la boule de pâte et la couper en deux.

5   Sur une surface de travail farinée, rouler la première moitié de manière à former un cylindre de 1 pouce de diamètre. Répéter l'opération pour la seconde moitié de pâte.

6   À l'aide d'un couteau, couper des gnocchis d'une largeur de ½ pouce, puis les déposer au fur et à mesure sur la plaque. Avec le pouce, appuyer au centre de chaque gnocchi de manière à former une petite cavité.

7   Congeler les gnocchis ou les cuire dans l'eau bouillante salée jusqu'à ce qu'ils remontent à la surface (environ 3 minutes). Servir avec la sauce de votre choix.

PÂTES, RIZ & PIZZAS

TRUCS & ASTUCES

Les gnocchis crus se congèlent très bien et peuvent être cuits directement
sans être préalablement décongelés.

GNOCCHIS POÊLÉS AU BEURRE, PANCETTA & PETITS POIS

QUANTITÉ *2 portions*   *20 min*
CATÉGORIES *économique · gourmand · pour recevoir · rapide*

INGRÉDIENTS

30 à 35 gnocchis, maison (voir page 179)
ou du commerce

¼ de tasse de beurre

½ tasse de pancetta, hachée

4 feuilles de sauge fraîche

Le zeste d'un citron

½ tasse de petits pois surgelés

Sel et poivre, au goût

Quelques feuilles de basilic frais, pour servir

Fromage parmesan frais râpé, pour servir

RECETTE
MÂLE

ÉTAPES

1   Plonger les gnocchis dans une casserole d'eau bouillante salée pendant 3 minutes, ou jusqu'à ce qu'ils remontent à la surface. Égoutter et réserver.

2   Dans une grande poêle antiadhésive, faire fondre le beurre.

3   Ajouter la pancetta, la sauge et les gnocchis, puis cuire à feu moyen pendant 8 à 10 minutes en manipulant le moins possible afin d'obtenir une belle coloration.

4   Ajouter le zeste de citron et les petits pois, puis poursuivre la cuisson pendant 5 minutes.

5   Assaisonner, puis servir avec les feuilles de basilic et le parmesan.

Nombreux sont les gens qui refusent de recevoir leurs invités avec un risotto, de peur de passer la soirée derrière les chaudrons. La bonne nouvelle, c'est qu'on peut précuire le risotto afin de n'avoir qu'à terminer la cuisson quelques minutes avant de servir. Pour ce faire, vous ne devrez ajouter que les ⅔ du bouillon de poulet, retirer le tout du feu, couvrir, puis réserver. Juste avant de servir vos convives, il ne restera qu'à remettre la casserole sur le feu, puis à ajouter le reste du bouillon, la purée de patate douce, le parmesan et le basilic.

RISOTTO À LA PURÉE
DE PATATE DOUCE & MASCARPONE

QUANTITÉ *4–6 portions* ✎ *35 min* CATÉGORIES *gourmand · pour recevoir*

INGRÉDIENTS

4 tranches de pancetta

1 patate douce, pelée et coupée en dés

4 c. à soupe de beurre

½ tasse de mascarpone

Sel et poivre, au goût

4 tasses de bouillon de poulet

½ tasse d'oignon jaune, haché finement

1 gousse d'ail, hachée finement

1½ tasse de riz arborio

½ tasse de vin blanc

½ tasse de fromage parmesan frais, râpé

Une poignée de basilic frais, haché

ÉTAPES

1 Disposer les tranches de pancetta sur une plaque à cuisson et passer sous le gril pendant quelques minutes, ou jusqu'à ce qu'elles soient bien dorées. Réserver.

2 Dans une casserole, déposer les morceaux de patate douce et les recouvrir d'eau. Porter à ébullition et laisser cuire pendant 20 minutes. Égoutter.

3 À l'aide d'un pilon, écraser les morceaux de patate douce avec 2 cuillères à soupe de beurre et le mascarpone, jusqu'à l'obtention d'une purée lisse et homogène. Assaisonner et réserver.

4 Dans un chaudron, faire chauffer le bouillon de poulet. Réserver à feu doux afin qu'il reste chaud.

5 Dans une grande casserole, faire fondre 2 cuillères à soupe de beurre et attendrir l'oignon pendant 5 minutes. Assaisonner, ajouter l'ail et poursuivre la cuisson pendant 2 minutes.

6 Ajouter le riz et bien mélanger afin de l'enrober de beurre. Verser le vin, puis laisser réduire jusqu'à ce que le riz ait absorbé tout le liquide.

7 À l'aide d'une louche, ajouter 1 tasse du bouillon de poulet chaud au riz et attendre que le tout soit absorbé. Remuer régulièrement.

8 Répéter la septième étape jusqu'à ce qu'il n'y ait plus de bouillon à ajouter.

9 Ajouter la purée de patate douce, le parmesan et le basilic. Bien mélanger, rectifier l'assaisonnement, puis servir avec les tranches de pancetta grillées.

LASAGNE
À LA BOLOGNAISE
& AUBERGINES

SUITE À LA PAGE 186

Puisque je suis une fille extrêmement visuelle, j'ai fait un schéma qui illustre comment monter la lasagne. Vous n'avez qu'à déposer chaque ingrédient au fond du plat, en commençant par le premier jusqu'au dixième. C'est un petit truc bête qui, j'ai l'impression, fera gagner du temps à bien des gens.

10 fromage râpé

9 sauce

pâtes 8

½ mélange de ricotta 7

6 pâtes

5 sauce

pâtes 4

½ mélange de ricotta 3

pâtes 2

1 sauce

INGRÉDIENTS

POUR LA SAUCE

1 lb de veau

1 lb de bœuf

1 lb de porc

La chair de 2 saucisses italiennes

Un gros filet d'huile d'olive

Sel et poivre, au goût

*1 grosse aubergine, coupée en cubes
d'un centimètre*

2 gousses d'ail, hachées finement

1 c. à soupe d'origan frais

2 c. à soupe de pâte de tomates

2 boîtes de 796 ml de tomates entières

1 boîte (660 ml) de coulis de tomates

POUR LA RICOTTA

3 pots de 400 g de fromage ricotta

*¼ de tasse d'herbes fraîches, hachées,
au goût (thym, ciboulette, romarin,
origan ou persil)*

¼ de tasse de basilic, haché

1 tasse de fromage parmesan, râpé

1 tasse de fromage mozzarella, râpé

2 œufs

1 c. à thé de sel

Poivre, au goût

POUR L'ASSEMBLAGE

1 lb de lasagnes à cuisson au four

½ tasse de fromage parmesan, râpé

3 tasses de fromage mozzarella, râpé

LASAGNE
À LA BOLOGNAISE
& AUBERGINES

SUITE DE LA PAGE 185

ÉTAPES

1   Dans une poêle, faire dorer la viande dans un gros filet d'huile d'olive.

2   Assaisonner généreusement, puis ajouter l'aubergine, l'ail, l'origan et la pâte de tomates. Bien mélanger.

3   Ajouter le reste des ingrédients « pour la sauce », assaisonner à nouveau, puis porter à ébullition.

4   Baisser le feu et laisser mijoter pendant 1 heure.

5   Pendant ce temps, mélanger tous les ingrédients « pour la ricotta » dans un bol et réserver au frais.

6   Lorsque la sauce est prête, préchauffer le four à 375 °F.

7   Dans un très grand plat (14 po × 10 po) ou plusieurs petits plats allant au four, monter la lasagne comme illustré sur le schéma.

8   Recouvrir de papier d'aluminium et cuire pendant 20 minutes.

9   Enlever le papier d'aluminium et poursuivre la cuisson pendant 30 minutes.

TRUCS & ASTUCES

Il est possible de congeler une lasagne entière avant de la faire cuire. Une fois congelée, il suffit de l'enfourner pendant 1 h 15 à 350 °F. Cela dit, je préfère de loin congeler ma lasagne lorsqu'elle est déjà cuite. Je coupe des portions individuelles que j'emballe dans du papier d'aluminium et je les congèle ainsi jusqu'au moment désiré.

Depuis le jour où j'ai découvert qu'un avocat pouvait se transformer en une délicieuse sauce pour les pâtes, je m'amuse à créer toutes sortes de variantes intéressantes à cette idée de base. Selon la grosseur de votre avocat, il se pourrait que vous ayez à ajuster la texture de la sauce en y ajoutant plus d'eau que ce qui est suggéré.

LINGUINES, SAUCE CRÉMEUSE À L'AVOCAT & CREVETTES

QUANTITÉ *2 portions* *15 min*
CATÉGORIES *économique · pour recevoir · rapide · sans lactose*

ÉTAPES

1 Cuire les pâtes comme indiqué sur l'emballage. Égoutter et réserver.

2 Dans un robot-mélangeur, déposer tous les ingrédients « pour la sauce », puis bien mélanger jusqu'à l'obtention d'une pâte crémeuse. Assaisonner généreusement de sel et de poivre.

3 Verser la sauce dans une poêle avec les crevettes, puis réchauffer le tout.

4 Ajouter les pâtes et la roquette, bien mélanger, puis servir.

INGRÉDIENTS

POUR LES LINGUINES

200 g de linguines

1 tasse de crevettes nordiques (de Matane)

½ tasse de roquette

POUR LA SAUCE

Une gousse d'ail

La chair d'un gros avocat

Le jus d'une lime ou d'un citron

¼ de tasse de noix de pin

¼ de tasse d'huile végétale de votre choix (canola, arachide, pépins de raisin, etc.)

2 c. à soupe de basilic frais

2 c. à thé de miel

2 c. à soupe d'eau

Sel et poivre, au goût

TRUCS & ASTUCES

Ce plat se prépare très rapidement et doit être dégusté immédiatement.

PAD THAÏ AUX CREVETTES & SAUCE AUX ARACHIDES

190

INGRÉDIENTS

225 g de nouilles de riz

3 c. à soupe d'huile végétale

15 à 20 crevettes crues, décortiquées

4 oignons verts, émincés

Sel et poivre, au goût

1 tasse de fèves germées

3 œufs, battus

Une poignée de coriandre fraîche, hachée finement

¼ de tasse d'arachides, rôties

POUR LA SAUCE

¼ de tasse de beurre d'arachide

¼ de tasse d'eau ou de bouillon de poulet

Le jus d'une lime

½ c. à thé de sauce de poisson

1 c. à thé de tamari

1 c. à thé de vinaigre de riz

1 c. à thé de sauce sriracha

1 c. à thé de gingembre frais, haché

1 gousse d'ail, hachée

1 c. à thé de cassonade

ÉTAPES

1 Dans un bol, mélanger tous les ingrédients « pour la sauce » et réserver.

2 Dans une grande casserole, faire bouillir de l'eau et cuire les pâtes pendant 1 minute de moins que ce qui est indiqué sur l'emballage. Égoutter et réserver.

3 Dans un wok, faire chauffer l'huile végétale, puis faire revenir les crevettes et les oignons verts pendant environ 3 à 4 minutes. Assaisonner, puis ajouter les fèves germées. Poursuivre la cuisson pendant 2 minutes.

4 Ajouter les œufs et mélanger de manière à obtenir des œufs brouillés.

5 Ajouter les pâtes, la sauce et la coriandre, puis bien mélanger.

6 Servir avec les arachides.

TRUCS & ASTUCES

Les gens allergiques aux noix peuvent remplacer le beurre d'arachide par du beurre de soya.

COQUILLES GÉANTES
ALLA GIGI

QUANTITÉ *4–6 portions* ✎ *30 min* ⏱ *30 min*
CATÉGORIES *gourmand · pour recevoir*

INGRÉDIENTS

18 grosses coquilles à farcir

1 ½ tasse de fromage mozzarella, râpé

POUR LA FARCE

1 c. à soupe de beurre

150 g (environ 8 tranches) de pancetta, hachée grossièrement

227 g de champignons de Paris, hachés grossièrement

1 gousse d'ail, hachée finement

Sel et poivre, au goût

1 tasse de fromage ricotta

4 oignons verts, émincés

1 œuf

¼ de tasse de fromage parmesan frais, râpé

POUR LA SAUCE

1 tasse de coulis de tomates, maison ou du commerce

¼ de tasse de crème 35 %

¼ de tasse de fromage parmesan frais, râpé

2 c. à soupe de persil frais, haché

1 c. à thé de sucre

Sel et poivre, au goût

ÉTAPES

1 Préchauffer le four à 350 °F.

2 Dans un grand chaudron d'eau salée, cuire les coquilles comme indiqué sur l'emballage. Égoutter et réserver.

3 Dans une grande poêle, faire fondre le beurre, puis saisir la pancetta et les champignons jusqu'à l'obtention d'une belle coloration. Ajouter l'ail, assaisonner, puis poursuivre la cuisson pendant 2 minutes.

4 Transférer dans un bol et ajouter le reste des ingrédients « pour la farce ». Assaisonner, bien mélanger et réserver.

5 Dans un autre bol, mélanger tous les ingrédients « pour la sauce » et en verser la moitié au fond d'un plat allant au four.

6 Farcir les coquilles avec le mélange de ricotta, puis les disposer dans le plat.

7 Recouvrir les coquilles du reste de la sauce, couvrir d'un papier d'aluminium, puis enfourner pendant 30 minutes.

8 Retirer le papier, couvrir les coquilles de fromage mozzarella et passer sous le gril pendant quelques minutes, ou jusqu'à ce que le fromage soit bien doré.

Plus jeune, ma mère avait du mal à me faire manger des pâtes avec autre chose que du beurre et un peu de sel. Je sais, c'est horrible, mais je refusais catégoriquement de manger toute sauce à base de tomates. Je n'avais d'yeux que pour les cheveux d'ange, et sur ce point, j'avoue que mon amour pour cette variété de pâte n'a pas diminué. Voici donc un plat que j'ai créé pour la petite Marilou en moi.

CHEVEUX D'ANGE À L'AIL & AUX BOULETTES DE DINDE FARCIES

QUANTITÉ *4 portions* 🥄 *30 min*

CATÉGORIES *pour recevoir · rapide*

ÉTAPES

1   Cuire les pâtes comme indiqué sur l'emballage. Égoutter et réserver.

2   Dans un bol, mélanger la dinde, l'œuf et la chapelure. Assaisonner.

3   Enrober chaque cube de fromage avec de la viande, de manière à former 20 boulettes. Réserver.

4   Faire chauffer un filet d'huile d'olive dans une grande poêle antiadhésive, puis saisir les boulettes, à feu moyen, jusqu'à l'obtention d'une belle coloration.

5   Ajouter l'ail, le thym et le beurre, puis poursuivre la cuisson pendant 2 minutes.

6   Ajouter le bouillon de poulet, le persil frais et les cheveux d'ange, puis bien réchauffer le tout. Rectifier l'assaisonnement et servir.

INGRÉDIENTS

250 g de cheveux d'ange (ou capellini)

450 g de dinde hachée

1 œuf

¼ de tasse de chapelure italienne

Sel et poivre, au goût

20 cubes de 1 cm (environ 80 g) de fromage mozzarella

Un filet d'huile d'olive

2 gousses d'ail, hachées

Les feuilles de 4 branches de thym frais, hachées

¼ de tasse de beurre

½ tasse de bouillon de poulet

¼ de tasse de persil frais, haché

PÂTES, RIZ & PIZZAS

TRUCS & ASTUCES

Avant de faire cuire toutes les boulettes, je vous suggère de prélever une petite quantité de viande, puis de la cuire pendant quelques secondes au four à micro-ondes afin de pouvoir goûter et rectifier l'assaisonnement au besoin.

Les gens ont souvent l'idée préconçue qu'il est difficile de réussir une pâte à pizza, mais la seule chose qui soit réellement ardue dans cette recette est d'avoir la patience d'attendre le temps requis entre chaque étape, sans tricher.

PÂTE À PIZZA MAISON

QUANTITÉ *2 abaisses*   *15 min*   *1 h 30*
CATÉGORIES *économique · sans lactose · végé*

INGRÉDIENTS

1 ¾ tasse d'eau tiède

1 c. à soupe de sucre

1 sachet (8 g) de levure instantanée Fleischmann's

3 ½ tasses de farine tout usage

2 c. à thé de sel

1 c. à soupe d'huile d'olive

ÉTAPES

1   Dans un petit bol, verser l'eau tiède, le sucre et la levure, puis laisser reposer pendant 8 minutes.

2   Dans un grand bol, combiner la farine et le sel. Creuser un petit puits au centre et verser le mélange d'eau tiède ainsi que l'huile. Remuer jusqu'à l'obtention d'une boule de pâte.

3   Sur un plan de travail fariné, pétrir la pâte pendant 5 minutes, puis la déposer au centre d'un bol préalablement huilé. Couvrir d'un linge humide et laisser reposer pendant 45 minutes dans un endroit chaud et humide. Elle doublera de volume.

4   Pétrir à nouveau la pâte sur un plan de travail fariné pendant 5 minutes.

5   Déposer dans le bol huilé, couvrir d'un linge humide et laisser encore reposer pendant 30 minutes dans un endroit chaud et humide.

6   À l'aide de la paume de la main, dégonfler la pâte et la diviser en deux. Façonner deux boules de pâte. Elles sont maintenant prêtes à être cuisinées, à être conservées au réfrigérateur pendant 24 heures ou à être congelées.

TRUCS & ASTUCES

Pour réaliser cette recette, vous pouvez utiliser un robot-mélangeur en le munissant du crochet.

PIZZA AUX TROIS FROMAGES, ASPERGES, PROSCIUTTO & FIGUES

INGRÉDIENTS

1 abaisse de pâte à pizza,
    maison (voir page 198)
    ou du commerce

¼ de tasse de fromage gruyère, râpé

8 tranches de prosciutto

1 tasse d'asperges fines,
    coupées en tronçons

4 figues, coupées en quartiers

¼ de tasse de fromage de chèvre doux

1 c. à soupe d'huile d'olive

POUR LA TARTINADE
DE RICOTTA

½ tasse de fromage ricotta

2 c. à soupe de noix de pin, grillées

1 c. à thé de moutarde de Dijon

2 c. à soupe de basilic frais

1 c. à soupe de jus de citron

1 c. à soupe de jus d'orange

Sel et poivre, au goût

ÉTAPES

1   Préchauffer le four à 450 °F.

2   Dans un bol, mélanger tous les ingrédients « pour la tartinade de ricotta ». Assaisonner et réserver.

3   Sur un plan de travail fariné, abaisser la pâte à pizza de manière à former un cercle de 12 pouces de diamètre. Déposer sur une pierre à pizza ou une plaque à cuisson.

4   Étendre la tartinade de ricotta sur toute la surface de la pâte, puis recouvrir de fromage gruyère.

5   Répartir les tranches de prosciutto, les asperges et les figues, puis émietter le fromage de chèvre.

6   Badigeonner la croûte d'huile d'olive et enfourner pendant 10 minutes.

PIZZAS ROULÉES AU SLOPPY JOE

Sur mon site, j'ai une recette de Sloppy Joe qui a vraiment fait fureur. Depuis, je cherchais une façon plus originale de le présenter. Même si je suis d'avis qu'il vaut mieux ne pas modifier un classique qui fonctionne bien (au nom de l'originalité et quitte à en sacrifier le goût), je peux vous assurer que vous ne serez pas déçus de ces pizzas roulées.

QUANTITÉ *14 pizzas roulées ou 1 pizza* 🥄 *30 min*
🕐 *20 min* CATÉGORIE *économique*

203

INGRÉDIENTS

POUR LA GARNITURE

2 c. à soupe de beurre

½ poivron rouge, coupé en petits dés

*1 oignon de taille moyenne,
    haché finement*

Sel et poivre, au goût

1 gousse d'ail, hachée

450 g de bœuf haché maigre

½ tasse de ketchup

½ tasse de bouillon de poulet

2 c. à thé de sauce Worcestershire

1 c. à soupe de poudre de chili

1 c. à soupe de cassonade

POUR LES PIZZAS

*1 abaisse de pâte à pizza, maison
    (voir page 198) ou du commerce*

2 tasses de fromage monterey jack, râpé

½ tasse de crème sure, pour servir

ÉTAPES

1 Dans une poêle, faire chauffer la moitié du beurre, puis attendrir le poivron et l'oignon jusqu'à ce que ce dernier soit translucide. Bien assaisonner.

2 Ajouter l'ail et poursuivre la cuisson pendant 1 minute. Retirer du feu, transférer dans un bol, puis réserver.

3 Dans la même poêle, faire chauffer l'autre moitié du beurre et faire dorer le bœuf.

4 Ajouter les poivrons ainsi que le reste des ingrédients «pour la garniture», puis laisser mijoter pendant 5 minutes. Assaisonner et réserver dans un bol.

5 Préchauffer le four à 400 °F. Tapisser une plaque à pâtisserie de papier parchemin.

6 Sur un plan de travail fariné, abaisser la pâte de manière à former un rectangle de 10 po × 14 po, puis répartir la garniture sur toute la surface. Recouvrir de fromage.

7 Rouler la pâte de manière à obtenir un gros boudin. Couper 14 tranches, puis les déposer sur la plaque.

8 Enfourner pendant 20 minutes et servir avec la crème sure.

TRUCS & ASTUCES

Avec les mêmes ingrédients, vous pouvez réaliser une pizza ronde (traditionnelle),
en abaissant la pâte de manière à former un cercle de 10 pouces de diamètre.

PIZZA AUX OIGNONS CARAMÉLISÉS, POULET BARBECUE & CHORIZO

QUANTITÉ *1 pizza* 🥄 *30 min* 🕐 *10 min*

CATÉGORIES *gourmand · pour recevoir*

INGRÉDIENTS

1 c. à soupe de beurre

4 tasses d'oignons rouges, émincés

2 c. à thé de miel

2 c. à thé de vinaigre balsamique

Sel et poivre, au goût

1 tasse de poulet cuit, effiloché

*¼ de tasse de sauce barbecue,
  du commerce*

*1 abaisse de pâte à pizza,
  maison (voir page 198)
  ou du commerce*

*100 g de chorizo,
  coupé en fines rondelles*

1 ½ tasse de fromage cheddar, râpé

1 c. à soupe d'huile d'olive

ÉTAPES

1. Dans une casserole, faire fondre le beurre et caraméliser les oignons pendant 15 minutes. À l'obtention d'une belle coloration, ajouter le miel et le vinaigre balsamique. Assaisonner et laisser cuire à feu doux pendant 10 minutes. Réserver.

2. Préchauffer le four à 450 °F.

3. Dans un bol, mélanger le poulet avec la sauce barbecue. Réserver.

4. Sur un plan de travail fariné, abaisser la pâte à pizza de manière à former un cercle de 12 pouces de diamètre. Déposer sur une pierre à pizza ou une plaque à cuisson.

5. Étendre les oignons caramélisés sur toute la surface de la pâte, répartir les rondelles de chorizo et le poulet, puis recouvrir le tout de fromage cheddar.

6. Badigeonner la croûte d'huile d'olive et enfourner pendant 10 minutes.

CHAPITRE

№ 8

Desserts

GALETTES D'AVOINE, ESPRESSO & CHOCOLAT NOIR

ÉTAPES

1 Préchauffer le four à 375 °F. Tapisser une plaque à pâtisserie de papier parchemin. Réserver.

2 Dans un bol, combiner la farine, les flocons d'avoine, le bicarbonate de soude et le sel. Réserver.

3 Dans un autre bol, crémer le beurre, la cassonade et le sucre au batteur électrique.

4 Ajouter l'espresso, l'extrait de vanille et l'œuf, puis bien mélanger. Incorporer graduellement les ingrédients secs.

5 À l'aide d'une cuillère à crème glacée d'une contenance de ¼ de tasse, façonner 12 boules, puis les disposer sur la plaque. Avec les doigts, presser les boules de manière à former des petites galettes de ½ pouce.

6 Enfourner pendant 13 minutes, puis laisser refroidir complètement sur la plaque.

7 Tremper chaque biscuit jusqu'au tiers dans le chocolat noir, laisser refroidir et déguster.

INGRÉDIENTS

1 tasse de farine tout usage non blanchie

2 tasses de flocons d'avoine à cuisson rapide

½ c. à thé de bicarbonate de soude

Une pincée de sel

¾ de tasse de beurre, à température ambiante

1 tasse de cassonade

¼ de tasse de sucre

2 c. à soupe d'espresso ou de café noir

1 c. à thé d'extrait de vanille

1 œuf

½ tasse de chocolat noir haché, fondu

SCONES AU CITRON & AU CHOCOLAT BLANC

INGRÉDIENTS

POUR LES SCONES

½ tasse de lait d'amande

1 c. à soupe de zeste de citron

1 c. à soupe de jus de citron

1 œuf

1 blanc d'œuf

2¼ tasses de farine tout usage

3 c. à soupe de sucre

2 c. à thé de poudre à pâte

Une pincée de sel

¾ de tasse de beurre froid,
    coupé en cubes

½ tasse de pépites
    de chocolat blanc

POUR LE GLAÇAGE

½ tasse de sucre glace

1 c. à soupe de jus de citron

ÉTAPES

1   Préchauffer le four à 350 °F. Sur un papier parchemin, tracer un cercle de 9 pouces de diamètre avec un crayon. Déposer la feuille sur une plaque à pâtisserie, l'encre vers le bas, afin de voir le cercle sans que la nourriture y touche. Réserver.

2   Dans un bol, mélanger le lait d'amande, le zeste et le jus de citron ainsi que l'œuf et le blanc d'œuf. Réserver.

3   Au robot culinaire, mélanger la farine, le sucre, la poudre à pâte et le sel. Ajouter le beurre et mélanger jusqu'à l'obtention d'une texture qui ressemble à du sable.

4   Transférer dans un bol et incorporer les ingrédients liquides. Ajouter le chocolat blanc, puis mélanger de nouveau jusqu'à l'obtention d'une boule de pâte.

5   Déposer la pâte sur le papier parchemin, au centre du cercle, et l'étaler afin de former un disque de 9 pouces.

6   À l'aide d'un couteau, découper le disque en 8 pointes, puis les décoller les unes des autres.

7   Enfourner pendant 25 à 30 minutes. Retirer du four et laisser refroidir complètement.

8   Dans un bol, mélanger les ingrédients « pour le glaçage », puis en décorer les scones.

211

DESSERTS

CARRÉS À LA PÂTE D'AMANDES & CITRON

QUANTITÉ *16 carrés*   *10 min*   *30 min*
CATÉGORIES *à offrir · gourmand · pour recevoir · végé*

INGRÉDIENTS

3 œufs

2 c. à soupe de jus de citron

Le zeste de 2 citrons

1 tasse de beurre, fondu

½ tasse de pâte d'amandes

¼ c. à thé d'extrait d'amande

¾ de tasse de sucre

1 tasse de farine tout usage

Sucre glace, pour servir

ÉTAPES

1   Préchauffer le four à 350 °F. Beurrer un moule carré de 9 pouces. Réserver.

2   Dans un robot-mélangeur, mixer les œufs, le jus et le zeste de citron, le beurre, la pâte d'amandes et l'extrait d'amande jusqu'à l'obtention d'un mélange lisse et homogène.

3   Transférer dans un bol, puis ajouter le sucre et la farine. Mélanger à l'aide d'une cuillère en bois et verser au fond du moule.

4   Égaliser la surface à l'aide d'une spatule ou de vos doigts bien humides, puis enfourner pendant 30 minutes.

5   Laisser refroidir complètement, saupoudrer de sucre glace et couper en carrés.

DESSERTS

POUDING AUX BANANES & CARAMEL

QUANTITÉ *6 portions* 🥄 *15 min* 🕐 *25 min*
CATÉGORIES *économique · gourmand · pour recevoir · végé*

INGRÉDIENTS

1 banane mûre, écrasée à la fourchette

1 tasse de cassonade

½ tasse de beurre, à température ambiante

½ c. à thé d'extrait de vanille

2 œufs

1 ½ tasse de farine tout usage

½ c. à thé de poudre à pâte

Une pincée de sel

Crème glacée à la vanille, pour servir

POUR LA SAUCE AU CARAMEL

6 c. à soupe de beurre salé

1 tasse de cassonade

½ tasse de crème 35 %

ÉTAPES

1 Préchauffer le four à 350 °F. Beurrer 6 petits pots allant au four (j'utilise des pots Mason) et réserver.

2 Dans un bol, fouetter la banane, la cassonade et le beurre jusqu'à l'obtention d'un mélange lisse et homogène.

3 Ajouter la vanille et les œufs, bien mélanger de nouveau, puis réserver.

4 Dans un autre bol, mélanger la farine, la poudre à pâte et le sel, puis verser sur la préparation à la banane. Bien remuer, puis répartir dans les pots (environ ½ tasse par pot).

5 Enfourner pendant 25 minutes. Réserver.

6 Mettre tous les ingrédients « pour la sauce au caramel » dans une petite casserole, puis faire chauffer le tout jusqu'à ce que le beurre soit fondu et que le mélange soit homogène.

7 Verser ¼ de tasse de caramel bien chaud sur chaque petit gâteau, puis laisser tiédir pendant quelques minutes.

8 Servir avec la crème glacée.

GÂTEAU AUX BANANES

QUANTITÉ *8 portions*   *20 min*   *55 min*
CATÉGORIES *à offrir · économique · gourmand · végé*

INGRÉDIENTS

2 bananes mûres

1 c. à thé de gingembre frais, râpé

½ tasse de beurre, fondu

1 tasse de sirop d'érable

2 œufs, légèrement battus

½ tasse de lait d'amande

1 tasse de farine tout usage

1 tasse de farine de kamut

1 c. à thé de poudre à pâte

1 c. à thé de bicarbonate de soude

Une pincée de sel

½ tasse de noix de Grenoble

*¾ de tasse de pépites
  de chocolat noir, fondues*

ÉTAPES

1   Préchauffer le four à 350 °F. Beurrer un moule à pain. Réserver.

2   Dans un bol, écraser les bananes. Ajouter le gingembre, le beurre, le sirop d'érable, les œufs et le lait d'amande, puis bien mélanger. Réserver.

3   Dans un autre bol, combiner les deux sortes de farine, la poudre à pâte, le bicarbonate de soude et le sel. Verser sur les ingrédients liquides et bien mélanger.

4   Ajouter les noix de Grenoble, mélanger, puis verser au fond du moule.

5   Recouvrir du chocolat fondu, puis enfourner pendant 55 minutes, ou jusqu'à ce que le centre soit cuit. Laisser refroidir complètement, puis couper en tranches.

Bien que je sois vraiment fière de ma recette, Alex sait que pour me faire plaisir, il n'a qu'à m'inviter à mon restaurant italien préféré où une « *mamma* » prépare le meilleur tiramisu du monde. En fait, on aime bien se dire en riant que c'est plus raisonnable d'aller le manger ailleurs en petites portions que de le cuisiner et vider le plat le jour même. C'est notre point faible à tous les deux et nous y résistons très mal.

218

TIRAMISU

INGRÉDIENTS

1 tasse d'espresso,
    à température ambiante

2 c. à soupe de Tia Maria

¼ de tasse de lait

6 jaunes d'œufs

½ tasse de sucre

Une pincée de sel

1 tasse de fromage mascarpone,
    à température ambiante

¾ de tasse de crème

24 doigts de dame

Poudre de cacao, pour décorer

ÉTAPES

1   Dans un bol, mélanger l'espresso, le Tia Maria et le lait. Réserver au réfrigérateur.

2   Dans le bol du pied-mélangeur, battre les jaunes d'œufs avec le sucre et le sel pendant 4 minutes, ou jusqu'à l'obtention d'un mélange jaune pâle. Ajouter le fromage mascarpone, bien mélanger et réserver.

3   Dans un autre bol, fouetter la crème jusqu'à l'obtention de pics fermes, puis l'ajouter délicatement au mélange de mascarpone. Réserver.

4   Tremper les biscuits rapidement dans le café, puis en disposer la moitié au fond d'un moule de 9 po × 13 po. Recouvrir de la moitié du mélange de mascarpone pour former le premier étage.

5   Répéter la dernière étape de manière à former un tiramisu de deux étages.

6   Saupoudrer le tout de poudre de cacao, puis réfrigérer pendant 4 heures. Servir.

TRUCS & ASTUCES

Comme je ne consomme pas d'alcool, j'achète des petites bouteilles (50 ml) de Tia Maria.
Ça ne coûte que quelques dollars et ça me permet de ne pas gaspiller.

INGRÉDIENTS

POUR LA GARNITURE

3 c. à soupe de sucre

2 c. à soupe de fécule de maïs

1 c. à soupe de sirop d'érable

Une pincée de sel

¼ c. à thé de cannelle moulue

*4 tasses de pêches, dénoyautées
   et coupées en cubes*

POUR LE CRUMBLE

1 tasse de beurre, fondu

1 tasse de flocons d'avoine

1 tasse de farine tout usage

1 tasse de cassonade

CRUMBLE
AUX PÊCHES

ÉTAPES

1   Préchauffer le four à 350 °F.

2   Dans un grand bol, mélanger le sucre,
     la fécule de maïs, le sirop d'érable, le sel
     et la cannelle. Ajouter les pêches, bien
     mélanger, puis verser au fond d'un plat
     allant au four. Réserver.

3   Dans un bol, mélanger tous les ingrédients
     « pour le crumble », puis répartir sur les
     pêches.

4   Enfourner pendant 40 minutes, ou
     jusqu'à ce que le crumble soit bien doré
     et que la garniture bouillonne.

DESSERTS

TRUCS & ASTUCES

Les pêches peuvent être remplacées par n'importe quel autre fruit.

Voici la recette que vous voyez en page couverture, mais dans une version miniature. Je trouvais l'idée géniale d'utiliser des couvercles de pots Mason en guise de moules à fond amovible. C'est économique, original et très pratique.

Pour élaborer le concept et impressionner vos invités, servez une boisson dans la partie en verre du pot Mason.

TARTELETTES CRUES AUX FRAMBOISES, DANS DES COUVERCLES DE POTS MASON

QUANTITÉ *8 petites tartes ou 1 grande*   *25 min*   *4 h*
CATÉGORIES *à offrir · gourmand · pour recevoir · repas cru · sans gluten · sans lactose · végé*

DESSERTS

INGRÉDIENTS

POUR LA CROÛTE

1 tasse d'amandes

1 tasse de dattes Medjool, dénoyautées

POUR LA GARNITURE AUX FRAMBOISES

1 tasse de noix de cajou

2 c. à soupe de jus de citron

¼ de tasse d'huile de noix de coco

¼ de tasse de miel, de sirop d'érable ou de sirop d'agave

1 tasse de framboises fraîches

½ c. à thé d'extrait de vanille

Une pincée de sel

Quelques framboises additionnelles, pour décorer au moment de servir

ÉTAPES

1   Verser les noix de cajou dans un bol, les recouvrir d'eau et les laisser tremper pendant un minimum de 2 heures.

2   Dans un robot culinaire, broyer les amandes et les dattes jusqu'à ce que le mélange se tienne lorsque pressé entre les doigts. Garnir 8 couvercles de pots Mason de ce mélange. Réserver.

3   Placer tous les ingrédients « pour la garniture aux framboises » dans un robot-mélangeur, puis réduire le tout en une purée lisse et homogène. Verser à l'intérieur de chaque croûte.

4   Laisser reposer au réfrigérateur pendant 2 heures, puis servir.

TRUCS & ASTUCES
Pour faire une seule grande tarte, utilisez un moule de 9 pouces.

TARTE AU SUCRE

En plus de faire les meilleurs desserts du monde, la grand-maman d'Alex n'a pas de mauvais égo et elle me livre toujours avec grand bonheur le secret qui se cache derrière chacun de ses chefs-d'œuvre. Chaque fois, je suis surprise de constater que ses recettes sont toutes extrêmement simples à cuisiner et qu'elles ne nécessitent que quelques minutes de préparation.

Gilberte est la preuve vivante qu'on peut faire des desserts grandioses avec peu d'ingrédients, mais beaucoup d'amour.

QUANTITÉ *8 portions*   *15 min*   *30 min*   **225**

CATÉGORIES *à offrir · gourmand · pour recevoir · végé*

ÉTAPES

1   Préchauffer le four à 350 °F.

2   Au robot culinaire, mélanger la farine et le sel. Ajouter le beurre et mélanger jusqu'à l'obtention d'une texture qui ressemble à du parmesan râpé.

3   Ajouter l'eau et mélanger jusqu'à ce qu'il se forme une boule de pâte.

4   Sur un plan de travail fariné, abaisser la pâte. Ajouter de l'eau si elle est trop sèche ou de la farine si elle est trop collante.

5   Foncer un moule à tarte de 9 pouces de diamètre, puis réserver au réfrigérateur.

6   Dans un bol, mélanger tous les ingrédients « pour la garniture », verser au centre de la pâte, puis enfourner pendant 30 minutes.

INGRÉDIENTS

POUR LA PÂTE

1 ¼ tasse de farine tout usage

Une pincée de sel

½ tasse de beurre froid, coupé en cubes

¼ de tasse d'eau très froide

POUR LA GARNITURE

1 ¼ tasse de cassonade

3 c. à soupe de farine tout usage

¾ de tasse de crème 35 %

RECETTE MÂLE

TRUCS & ASTUCES

Pour une tarte au sucre encore plus rapide à préparer, vous pouvez utiliser une pâte à tarte du commerce.

MUFFINS AU THÉ VERT & AU CHOCOLAT BLANC AVEC GLAÇAGE À LA NOIX DE COCO

INGRÉDIENTS

1 ¾ tasse de farine tout usage

¼ de tasse de cassonade

¼ de tasse de poudre d'amandes

½ c. à thé de poudre à pâte

½ c. à thé de bicarbonate de soude

2 c. à thé de poudre de matcha

1 tasse de lait d'amande à la vanille

¼ de tasse de beurre demi-sel, fondu

1 œuf, légèrement battu

½ tasse de pépites de chocolat blanc

POUR LE GLAÇAGE

1 tasse de beurre, à température ambiante

2 c. à soupe de lait de coco

2 tasses de sucre glace

Noix de coco râpée, pour décorer

ÉTAPES

1   Préchauffer le four à 350 °F. Chemiser 8 moules à muffins de caissettes en papier. Réserver.

2   Dans un bol, mélanger la farine, la cassonade, la poudre d'amandes, la poudre à pâte, le bicarbonate de soude et la poudre de matcha. Réserver.

3   Dans un autre bol, combiner le lait d'amande, le beurre fondu et l'œuf battu, puis verser le tout sur les ingrédients secs. Bien mélanger.

4   Ajouter les pépites de chocolat blanc, mélanger de nouveau, puis répartir la préparation dans les moules à muffins.

5   Enfourner pendant 12 à 13 minutes, ou jusqu'à ce que le centre des muffins soit presque ferme. Retirer du four et laisser refroidir complètement dans les moules.

6   Dans un bol, verser tous les ingrédients « pour le glaçage » et battre jusqu'à l'obtention d'une texture lisse et crémeuse.

7   Garnir les muffins de glaçage et les décorer avec de la noix de coco râpée.

MON GÂTEAU AU CHOCOLAT PRÉFÉRÉ

QUANTITÉ *10–12 portions*   *30 min*   *30 min*
CATÉGORIES *gourmand · pour recevoir · végé*

TRUCS & ASTUCES

Afin d'éviter de salir mon assiette de service lorsque j'applique du glaçage sur mon gâteau, j'insère quatre bandes
de papier parchemin sous celui-ci, de manière à recouvrir la surface de l'assiette. Après avoir fait le travail,
je retire les bandes et j'obtiens un gâteau tout joli, sur une assiette de service toute propre.

Depuis quelques années, je raffole de ce gâteau rempli de chocolat… et de mayonnaise. Si le mélange vous parait étrange, je vous mets au défi d'arrêter de réfléchir et de l'essayer sans hésiter. Vous tomberez en amour, c'est garanti. Évidemment, ce gâteau n'a absolument rien de santé, et c'est ce qui me fait l'aimer autant. Je le réserve pour les soirs d'anniversaire, ce qui le rend encore plus symbolique pour moi.

L'ajout de fruits sur le dessus n'est pas obligatoire. Je décore mon gâteau de fruits seulement lorsqu'ils sont frais, de saison et pas trop dispendieux.

INGRÉDIENTS

*Un peu de beurre, pour beurrer
les moules*

2 tasses de farine tout usage

*¾ de tasse de poudre de cacao
non sucré*

1 c. à thé de bicarbonate de soude

½ c. à thé de poudre à pâte

Une pincée de sel

3 œufs

1 ¾ tasse de sucre

1 c. à thé d'extrait de vanille

1 tasse de mayonnaise

1 ⅓ tasse d'eau

½ tasse de pépites de chocolat noir

Sucre glace, pour décorer

*2 tasses de fruits frais,
au choix (optionnel)*

POUR LE GLAÇAGE

*1 ½ lb de beurre,
à température ambiante*

*¾ de tasse de poudre de cacao,
non sucrée*

4 ½ tasses de sucre glace

ÉTAPES

1 Préchauffer le four à 350 °F. Beurrer deux moules à charnière de 9 pouces. Réserver.

2 Dans un bol, mélanger la farine, la poudre de cacao, le bicarbonate de soude, la poudre à pâte et le sel. Réserver.

3 Dans un grand bol, verser les œufs, le sucre et l'extrait de vanille, puis fouetter vigoureusement pendant environ 3 minutes, ou jusqu'à l'obtention d'une texture bien mousseuse.

4 Incorporer la mayonnaise et l'eau, puis bien mélanger.

5 Ajouter graduellement les ingrédients secs, bien mélanger, puis incorporer les pépites de chocolat.

6 Répartir le mélange dans les deux moules, puis enfourner pendant 30 minutes, ou jusqu'à ce que les centres soient cuits.

7 Laisser refroidir complètement avant de démouler.

8 Pendant ce temps, mélanger tous les ingrédients « pour le glaçage » jusqu'à l'obtention d'une texture lisse et onctueuse. Réserver.

9 Placer un premier étage de gâteau sur une assiette de service, puis tartiner de glaçage. Ajouter l'autre gâteau sur le dessus, puis tartiner de nouveau. Décorer de sucre glace et de fruits frais, puis servir.

229

DESSERTS

REMERCIEMENTS

MARILOU

Créer ce livre a été pour moi une suite de victoires extraordinaires, entremêlées de gaffes et de quelques faux pas qui ont rendu cette aventure parfaite dans toutes ses imperfections. Si je le tiens aujourd'hui dans mes mains, c'est grâce à une persévérance qui s'est installée en moi, alimentée par une force que j'allais puiser dans ma passion pour la cuisine et chez des gens qui m'inspirent et que je veux prendre le temps de mettre en lumière.

Alex, mon tendre amour, merci d'être à mon écoute dans les moments de crise et surtout de savoir fermer l'oreille respectueusement lorsque je m'en invente. Tu sais donner de l'importance à ce qui en vaut la peine et remettre mes vaines imaginations à leur place. Jamais tu ne m'as paru irrité par mes oublis qui t'auront valu des milliers d'aller-retour chez notre épicier. Merci pour ces nombreuses fois où tu m'as ordonné d'aller prendre l'air pour te laisser faire le ménage de ma cuisine enfouie sous une montagne de vaisselle sale. Sans toi, ce livre ne serait pas comme je l'avais en tête, parce que tu m'habites maintenant et que chaque fois que je crée, tu fais partie de ce qui m'inspire le plus. Je t'aime.

Véronique Paradis, merci de m'avoir accompagnée le mieux du monde lors des grosses journées de cuisine et de photos. Tu es le cerveau et les deux bras supplémentaires dont j'avais besoin pour réaliser ce livre.

Hubert Cormier, cher nutritionniste en or, merci pour ta disponibilité et tous tes conseils incroyables qui se retrouvent un peu partout dans le livre. Ton temps est tellement précieux et c'est un honneur que tu m'en offres autant.

Sofia Oukass, merci d'être le pilier qui nous permet d'élever nos idées les plus folles. Nous sommes privilégiés de te compter parmi les gens qui contribuent à la réalisation des projets qui nous tiennent à cœur.

Maude Paquette-Boulva, ma graphiste préférée, merci de m'avoir écrit sur Facebook au tout début de *Trois fois par jour* pour nous offrir tes services, alors que nous avions 2 ½ abonnés. Tu es rapidement devenue une grande source d'inspiration pour moi et une référence. Je veux rire et créer avec toi pendant longtemps encore. →

Isabelle Clément, merci de m'avoir aidée à dénicher les plus beaux accessoires du monde pour ce livre. Depuis que tu es dans ma vie, c'est comme si je pouvais être à deux places en même temps tellement tu comprends mes goûts.

Jean-François Roy, chacun des moments passés ensemble fut pour moi un très grand privilège que je te remercie de m'avoir offert.

Lise Dupuis, *Brigitte Jalbert* et *toute l'équipe chez Maribiz*, merci de faire partie de notre quotidien et de nous soutenir.

Mélanie Dubé, *Karine Lamontagne*, *Geneviève Rivard* et *Pascale Grenier*, votre travail se fait dans l'ombre, mais il me permet de tellement mieux briller. Merci.

L'équipe des Éditions Cardinal, merci pour votre aide tout simplement incroyable et indispensable.

236

ALEXANDRE

Je veux commencer par remercier ma femme, *Marilou*. Une très jolie personne créative, courageuse, forte et ô combien douce! Je te remercie pour toutes les fois où ton instinct a su nous guider, et pour toutes les fois où tes mots ont su faire grandir une confiance en moi suffisante pour me faire avancer, tant du côté professionnel que du côté humain. Ton écoute est grande, ton cœur immense, ton regard confortable. Sache que depuis peu, s'embrasser entre deux photos de soupe à l'oignon, c'est pas mal mon affaire préférée. Je remercie l'univers de nous avoir donné la force de créer cet ouvrage qui m'a tellement fait grandir, page après page. Je nous en souhaite encore tout un lot de ce type d'aventures, parce que j'aurai appris qu'une tempête, ça se traverse mieux à deux.

Je remercie aussi *Yanick Lespérance*, mon assistant, rapidement élevé au rang d'ami proche. Un gars pour qui j'ai un respect énorme et dont le calme rassurant me fascine. Les meilleures *jokes* aux meilleurs moments. Des références au film *Tornade* avec Helen Hunt, en passant par les fois où l'on fait juste se dire «allô» au téléphone pendant 20 minutes, jusqu'aux fois où l'on se confie l'un à l'autre, comme des vieilles matantes. T'es beau, mon ami.

Merci *Antoine Ross-Trempe*, affectueusement surnommé «Tony Panda». Éditeur au flair incroyable, auteur de talent, et surtout psychologue acharné, tu as su être le phare de la création de ce projet. Tu me fais beaucoup rire, surtout quand tu t'habilles propre pour la télé, ou quand tu «t'autosponsorises». Deviens mon père.

Clin d'œil à *Benoit Paillé*, dont le talent, plus grand que l'univers, m'inspire à repousser mes limites au maximum. Humain étrange aux premiers abords, mais grand cœur sensible après 30 minutes de jasette. Merci pour le «workshop», merci pour les conseils, et surtout merci pour le «crash course» sur comment «sharpener» une image pour Facebook. Tu es le meilleur et tout le monde devrait connaître ton talent.

Merci à *Tania Trudel*, fondatrice d'Aube Créations, pour la confection des tables et des fonds nécessaires à la réalisation des photos.

INDEX

Classification par chapitres

243

INDEX

Classification par catégories

RAPIDE

RECETTE MÂLE